秋瑾

中华先烈人物故事汇

主编　张海鹏
副主编　赵兴胜
编著　曲宁宁

学习出版社

目　录

Contents

引子

秋瑾是中国资产阶级民主革命时代著名女革命家，也是近代妇女运动的先驱和女权思想的倡导者，更是一位才华横溢的女性文人。秋瑾的一生经历了由名门闺秀到革命斗士的伟大蜕变，她勇敢地挣脱旧式家庭的牢笼，追求婚姻自由、男女平等；为推翻封建专制统治、建立民主共和国不惜牺牲小我，慷慨赴死。她用自己的青春和生命，在近代中国革命史上留下了浓墨重彩的一笔，激励着无数仁人志士前赴后继，为实现中华民族的解放事业而奋斗。正如郭沫若所说："秋瑾烈士是中华民族觉醒初期的一位前驱人物，她是一位先觉者，并把自己的生命奉献给了反封建主义和争取民族解放的崇高事业。她在生前和死后都起了很大的推动作用。"

秋瑾出身于晚清世代为官的书香门第，幼年

时她曾随祖父、父亲宦居福建、台湾、湖南等地，广博了见闻，自小她便对国家的孱弱、朝廷的昏庸以及百姓的苦难有着深刻的印象。秋氏家风优良，其祖父为官清廉两袖清风，父亲个性耿直刚正不阿，母亲深明大义讲信修睦，这都对秋瑾的性格塑造有着非常积极的影响。秋瑾生性豪雄尚义、不拘小节、钦慕侠士，常以花木兰、秦良玉自况，梦想自己会如热血男儿一般做出一番丰功伟业。

秋瑾自小饱读诗书，封建礼教和传统桎梏困守不住她的才情和理想，她少女时期便萌发了男女平权的思想和追求自由的意识。1896 年 5 月，秋瑾因父母之命媒妁之言嫁与湘潭王廷钧为妻，婚后的苦闷不幸、丈夫的平庸无为都让秋瑾对女性在家庭中和社会上所遭受的歧视有了更深层次的理解，从而坚定了她要解放妇女、争取两性平权的决心。八国联军侵华后，王廷钧捐官北上，秋瑾在京城目睹了侵略者之飞扬跋扈、官场的奢靡腐败以及社会的贫穷黑暗。随着结识至交好友吴芝瑛，阅读进步书刊，不断接受新思潮的洗礼，她的眼界愈加开阔，希望躬身力行，拯救国家民族于危亡的决心日坚。1904年6月，秋瑾毅然冲破封建家庭的樊笼和重重阻挠，孤身东渡日本求学。

扶桑生涯是秋瑾思想转变的关键点。求学期间，她一面认真学习，一面积极参与各种革命活动。她发起组织“演说练习会”，宣传民主革命与妇女解放；她和留日女生重建“共爱会”，倡导女子留学、反对纳妾并对被遗弃的女性进行救助；她参加了秘密革命组织“三合会”，并被封为“白纸扇”；她结交了一众爱国青年并引为同志，一起讨论国族的前途命运。此外，经过陶成章引荐，秋瑾得以结识蔡元培，此后又在东浦认识了徐锡麟，加入光复会，从而初涉革命。

二次东渡后，秋瑾进入青山实践女校附属师范班学习，接触到近代科学知识以及资产阶级革命思想，为日后从事革命奠定了坚实基础。后经冯自由介绍，秋瑾结识了同盟会领袖孙中山与黄兴，并于黄兴在东京的寓所加入同盟会。

1906年年初，为抗议日本文部省颁布的《关于公私立学校接纳清国留学生的规定》，亦即当时中国报纸所说的《中国留学生取缔规则》，秋瑾率领众同学愤而弃学回国。在浔溪女校任职期间，与校长徐自华及其妹妹徐蕴华成为莫逆之交。为唤醒广大妇女，秋瑾四处筹资，创办《中国女报》，成为抨击封建礼教宣传妇女解放的喉舌阵地。

1907年年初，徐锡麟赴安庆任职前，秋瑾受命接任绍兴大通学堂的主持工作，并利用自己的合法身份掩护革命。她以办学为名，四处联络会党，积极沟通军界和学界。为发动武装起义，她亲力亲为组建光复军统一江浙的革命力量。徐锡麟安庆起事失败后，秋瑾本有机会逃走，她却愿以鲜血唤醒民众，被捕后只留下“秋风秋雨愁煞人”7个字。

1907年7月16日，秋瑾在绍兴古轩亭口英勇就义，年仅31岁。

秋瑾曾被誉为“中国的罗兰夫人”。也许秋瑾确曾以罗兰夫人自诩，但罗兰夫人只在法国大革命中的政治领域享有盛名，而秋瑾在辛亥革命中的影响则要大得多，她在中国的政治革命、社会革命和家庭革命各方面，都作出了不可磨灭的贡献。她不仅是第一批为推翻清政权和封建统治而牺牲的革命烈士，为辛亥革命的成功照亮了前路；她更将救国情怀投入白话创作中，以一支如椽之笔宣传女子放足、反对包办婚姻、推动女子教育、提倡女子体育；她是中国妇女解放和男女平权的先觉典型，她以已嫁之身、两子之母的身份，冲破旧式婚姻之藩篱，身体力行成为推进妇女运动的先驱。

秋瑾坚信中国之积弱乃是源于清廷的腐败，只要推翻清廷统治，中国就有希望雄冠世界之林。虽然她不能超脱那个时代革命派的思维局限，但她为了争取国家富强与民族振兴，不惜抛头颅洒热血的大无畏精神，在中华民族的历史上写下了光荣的诗篇，永远值得后辈铭记与发扬！

01 出身仕宦：书香门第闺秀女

1877 年 11 月 15 日（光绪三年丁丑十月十一）卯时，秋瑾生于祖父秋嘉禾在福建厦门的官邸。当时，秋嘉禾正在厦门、漳州一带做知县，儿子与儿媳都在身边随侍。秋瑾出生时，其父秋寿南为其取名秋闺瑾，字璿卿，乳名为玉姑。

“瑾”“璿”皆为美玉之意，所谓怀瑾握瑜，即指人的品性高洁，而“闺”字则有深藏于闺阁的意味。秋瑾成年后取号旦吾，又自号鉴湖女侠，留学日本时为表追求男女平权，打破困守女子的家闱界限，特地去掉了名字中的“闺”字，易名为瑾，别号竞雄，又以汉侠女儿、秋千等为笔名。

秋家祖籍在浙江省绍兴府西南 20 里左右之山

阴县的福全山，后于城内和畅堂 23 号定居。秋家先世以耕读为生，秋瑾高祖秋学礼，字立亭，曾官至浙江新水县教谕。此后，秋家后人“均登贤书，乃为越中右族矣”。秋瑾的曾祖秋家丞，字砚云，历任江苏华亭、青浦、上海南汇等地的知县。祖父秋嘉禾，字露轩，做过福建厦门海防厅同知补用知县，两度出任云霄厅同知，民间传颂他“任内省讼简政，治绩卓然”，被百姓们亲切地称为“秋老大”。秋瑾父亲秋寿南，字益山，号星侯，1873 年考中举人，历任福建、台湾、湖南郴州、直隶州知州等地方官。秋父因为没有足资贿赂上级，故而仕途屡次受阻，受人操控，但并未因此在政务上有丝毫懈怠。秋瑾的母亲单氏是浙江萧山城内望族，系安徽候补县丞单良翰之长女，极善诗文。秋瑾有兄妹三人：长兄誉章，字徕稷，号莱子，著有《秋雨一宵恨满楼诗草》；妹闺珵，后易名珵，字珮卿，嫁钱塘王守廉；弟宗章，系庶母孙氏所出。

秋家四代从高祖起皆为举人，虽然没有得中进士，但也都是功名及身。值得一提的是，秋家人虽于官场浸淫数代，却难能可贵地保持着两袖清风、刚正不阿的风骨，为官时皆勤政爱民，兢兢业业，深得当地百姓赞誉。可以说，这样的家族风气对于子女的成长是极其有益的。秋瑾终其一生在品性和追求上取法乎上，毫无世俗媚态，且能把自己的所有观感游刃于笔下，以其文字感染世人，当是在原生家庭受惠无穷。

秋氏一门不仅是世宦之家，更是书香门第。秋瑾出生时，秋寿南 26 岁，母亲单氏 31 岁。作为秋家长女，秋瑾自小备受宠爱，秋家彼时家境殷实、生活富足，秋瑾在如此环境中成长，自小又受到家学的影响和熏陶，她工诗书、善女红，温存灵秀、聪慧乖巧，俨然一副大家闺秀的模样。虽然秋寿南并无意将女儿培养成才女，但他渐渐发现，秋瑾于诗词方面尤其有天赋，常常与兄长们一起研习，且稍加引导便可举一反三、触类旁通，加上天资聪颖、过目成诵，很快在众兄妹之中脱颖而出，深得秋寿南的赞赏。

秋瑾稍大即与兄长一起入家塾学习，念的是《三字经》《百家姓》《神童诗》等，但她最爱的却是诗词、明清小说和笔记传奇。自身的笔耕不辍，平日懂诗文的母亲单氏督促亦严，正因如此，虽然秋瑾 11 岁时才开始练习填词作句，但已经有“偶成小诗，清丽可诵”的效果了。随着年龄增长，秋瑾在诗词方面的能力愈发突出，虽大多是描摹闺情之作，但不乏妙语佳句。正如时人记载，秋瑾“读书通大义，娴于辞令，工诗文词，著作甚美”。她常常以精练的寥寥数语便能勾勒出自己单纯快乐的生活经历，将简单的小事写得极富情趣。如她以一首《相见欢》写自己在读书闲暇与女伴相约他日郊游：

因书抛却金针，笑相评。忘了窗前，红日已西沉。春衫薄掩，帘幕晚妆新。踏青明日，女伴约邻人。

一个及笄之年少女的生活场景在秋瑾笔下显得妙趣横生，而且她能把借代、比喻、移情等手法都运用自如，可见文字功底非常扎实。

值得一提的是，秋瑾在阅读的过程中很早就萌发了微薄的女权思想，她读董寅伯祖父董榕作于

1751年（乾隆十六年）的《芝龛记》，作品以秦良玉、沈云英等女性传奇故事为中心，又涉及部分明末遗闻。秋瑾对其中的豪侠女性非常向往，特别作《题芝龛记》八章，表达了自己的向往之情。

今古争传女状头，红颜谁说不封侯？
马家妇共沈家女，曾有威名振九州。

搘撑乾坤女土司，将军才调绝尘姿。
靴刀帕首桃花马，不愧名称娘子师。

莫重男儿薄女儿，平台诗句赐蛾眉。
吾侪得此添生色，始信英雄亦有雌。

百万军中救父回，千群胡马一时灰。
而今浙水名犹在，想见将军昔日才。

谪来尘世耻为男，翠鬓荷戈上将坛。
忠孝而今归女子，千秋羞说左宁南。

忠孝声名播帝都，倩军报国有良姝。
可怜不倩丹青笔，绘出娉婷两女图。

结束戎妆貌出奇，个人如玉锦驼骑。
同心两女肩朝事，多少男儿首自低。

肉食朝臣尽素餐，精忠报国赖红颜。
壮哉奇女谈军事，鼎足当年花木兰。

1890年，秋瑾祖父辞去厦门之职，带着全家返回绍兴老家，定居于和畅堂。此屋原为明神宗时大学士朱赓别墅，前后三间四进，环境清幽，后面可远望塔山，秋瑾住在第二进左边楼下。和畅堂后来成为秋瑾组织革命党首领秘密聚会之处，亦是革命枪械和其他物品的藏匿之所。

绍兴在南宋前称稽郡、越州，不仅山明水秀，更是一座历史悠久的古城。公元前5世纪，越王勾践曾建都于此。在中国历史上，这个小城人才辈出，产生了无数的爱国志士与乡贤先烈。1644年，清兵入关，南下时在以“温柔富贵之乡”闻名的江南膏腴之地遭到士绅和民众的殊死抵抗，这一部精忠报国的抗争史深深打动了秋瑾，使其对祖国的历史和文化萌发了浓烈的热爱之情。

按照江南习俗，女子必须学习女红，秋瑾亦不例外，她曾为此一度辍学。秋瑾的庶弟秋宗章曾在《六六私乘》中回忆：“（秋瑾）尤擅刺绣，虫鸟花卉、阴阳反背，自出心裁。”然而虽然成绩不错，但终究不好此道，很快放弃，好在家人对此亦没有过多勉强。1890 年夏天，秋瑾随母赴萧山单家省亲，有机会跟随舅父与表兄单老四学习击剑骑马。

秋瑾发现，自己对武术兴致浓厚，全神贯注乐此不疲，以至于回到和畅堂后，她也常于清晨到塔山练武。总之，这段舞刀弄剑的自在时光算是奠定了她的武术基础，亦使其明白了女子强身健体的重要意义。

父母的宽纵、诗酒的熏陶、武术的操练，逐渐养成了秋瑾豪放不羁的性格，与闺秀之路渐行渐远，这也成为她婚后在夫家万般不适的原因所在。

其实，秋瑾并非没有细腻的一面。她对事物观察入微，情感表达丰富充盈。自诩为“花痴”的秋瑾，常常借助香花芳草拟喻个人志向，即便有时内容空泛，亦绝非普通的吟风弄月。她最爱仙素耐寒的梅花、铁骨霜姿的菊花以及出淤泥而不染的莲花，并常常托物言志，抒发自己不愿流于世俗、鄙弃富贵、追求自由和高洁的情操。

水仙花

洛浦凌波女，临风倦眼开。

瓣疑是玉盏，根是谪瑶台。

嫩白应欺雪，清香不让梅。

余生有花癖，对此日徘徊。

白　莲

莫是仙娥坠玉珰，宵来幻出水云乡。

朦胧池畔讶堆雪，淡泊风前有异香。

国色由来夸素面，佳人原不借浓妆。

东皇为恐红尘涴，亲赐寒篁明月裳。

秋瑾的诗词典故运用得当，想象力尤其丰富，而且会把前人佳句嵌入，了无痕迹，浑然天成。可以说，这时的秋瑾，眼光还局限在以诗文为中心的中国古典文学，她的作品完全不像后期那样满是刀光剑影、杀气腾腾。然而某次翻阅父亲的书橱时，秋瑾偶然读到了黄宗羲的《明夷待访录》、顾炎武的《天下郡国利病书》以及法国罗兰夫人的故事，这些与众不同的内容和精神让她眼前一亮、大喜过望，书籍带来的民族意识和革命思想的启蒙，大约在此时便悄然孕育了。

1891 年，秋寿南调任台湾巡抚文案，不久又调往湖南，全家跟随先到常德，后到湘潭，秋瑾在此又度过了 3 年的无忧时光。此时的她已经开始涉足四书五经及诸多历史著作，于诗词方面更偏爱杜甫、辛弃疾等人的写实类作品，吟咏之余，她还写下了这首《读书口号》：

东风吹绿上阶除，花院箫疏夜月虚。
侬也痴心成脉望，画楼长蠹等身书。

台湾学者鲍家麟教授在研究秋瑾早年经历时认为，秋瑾爱书成痴，更着迷于书中的理想人物，终其一生都左右她的个人英雄主义思想，就发端于这个时期。风萧渡易的荆轲、代父从军的花木兰以及击鼓杀敌的梁红玉都是她崇拜的对象。游侠式的慷慨悲歌，深深影响了秋瑾的价值取向，以秋瑾这样一位生于深闺的千金弱质，日后能有“虽千万人吾往矣”的勇气，突破社会和家庭的藩篱，不能不归功于启蒙于少女时期、扎根于内心深处的英雄主义气质。传统的豪侠思想不仅深植于她的脑际，而且她自小便立志要做花木兰、秦良玉那样的巾帼英雄。可以说，此时的秋瑾，已经有了模糊的男女平权意识。

1894 年春，秋瑾的祖父去世，秋瑾跟随父亲回绍兴奔丧。数月后再回长沙时，正逢甲午战争爆发，时局对中国极其不利，秋瑾对此忧心忡忡。虽是一介闺秀之身，但秋瑾极其关心政事。她将忧思诉诸笔端，撰《赠曾筱石》四章：

一代雕虫出谢家，天教宋玉住章华。
秋风卷尽湖云满，桂籁留馨开细花。

曲屏徙倚见珠衣，离合神光花际飞。
石竹碍帘苔印涩，赤箫携手并斜晖。

挂席南来楚水清，遥闻奇论称簪缨。
莲裳何幸逢文苑，广乐流声下凤城。

海气苍茫刁斗多，微闻绣幕动吴歌。
绿蛾蹙损因家国，系表名流竟若何？

除此之外，秋瑾还写了一首《吊屈原》同情历史上的忠臣，表达自己的高洁志向和对国事的忧心。其实，早在祖父秋嘉禾在厦门任海防厅同知时，秋瑾便已生忧国之思。彼时正值中国备受西方资本主义国家入侵之时，受不平等条约与领事裁判权的影响，中国的社会经济尤其是传统手工业和农业都受到沉重打击。而外国人亦常常在中国境内为所欲为，传教士依仗特权，占领土地建立教堂，加上文化的冲突和谣言的盛行，造成民教纷争不断。在这个过程中，中国人的人身和财产安全都遭受了巨大损失。面对来自侵略者的压力，一般朝廷官员常常逢迎屈服，满足各种无理要求，甚至不惜杀害无辜百姓，贬低下层官员，损害士绅利益。面对洋人的欺辱，秋嘉禾常常长吁短叹，以至于秋瑾小小年纪看在眼里，便滋生出对国破家亡的忧惧。及至中法战争爆发时，秋瑾担心地对母亲说：“红毛人这样厉害，中国人胆小如鼠，这样下去，我们要成为他们的奴隶了！”

中国被卷入世界大潮的命运终究难以自己掌控，而秋瑾个人的生活同样无法选择。随着“女才子”的美名远扬，她也不得不在父母之命媒妁之言的安排下步入令其忐忑不已的婚姻。

02 琴瑟异趣：天壤王郎难为继

秋瑾曾在《敬告中国二万万女同胞》一文中有这样的描写："到了择亲的时光，只凭着两个不要脸的媒人的话，只要男家有钱有势，不问身家清白，男人的性情好坏，学问高低就不知不觉应了。"这无疑是秋瑾关于当年订婚一事的真实感想。作为一个传统家庭出身的女儿，即便再怎么火烈刀刚，也无法对抗传统的宗法礼制。最终，她只能在内心深处抱有一丝希冀：但愿那位从未谋面的夫婿不至于太鄙陋、太猥琐、太庸俗，就算不是豪迈男儿、风流才子，也千万别是金玉其外败絮其中的绣花枕头。1896 年 5 月 17 日（丙申年农历四月初五），秋瑾被嫁给了当时湘潭的富户王黼臣之子王廷钧。

关于这个姐夫，秋瑾弟宗章曾形容他“美丰姿，状貌如妇人女子，第质美弗学，论其造诣，远不如我姊”。而日后京师大学堂日本教习服部宇之吉的夫人服部繁子对秋瑾丈夫的第一印象乃是“白脸皮，很少相。一看就是那种可怜巴巴的、温顺的青年”。第二印象是“那么腼腼腆腆的，有话想讲，又吞吞吐吐地讲不出来”。总之，王廷钧在秋瑾眼中便是个少有男儿气概的小男人。面对这门亲事，秋瑾虽无法心甘情愿，终要与其他女子一般，奉父母之命媒妁之言。

多处文献中曾提到王黼臣乃曾国藩的亲属，曾任曾府的管账先生。曾国藩攻破南京后，其弟曾国荃曾运送了大量金银回湘乡老家，并对各路亲朋均有厚薄不一的打发。王黼臣因为有功于主家，又属亲戚之列，于是一夜之间发了横财，得以在湖南广置良田。但据台湾鲍家麟教授考证，此人诚有之，但不是王黼臣，而是其父王宝田。到王黼臣这里，承荫于父辈，在湘潭县城开设义源当铺，还经营茶馆、钱庄等生意，逐渐富甲一方。王黼臣有三子：长子多病，次子于新婚后夭亡，幼子即王廷钧，字子芳，风度翩翩，最得父母欢心。

秋瑾之父秋寿南因为在湖南为官日久，与当地的知名人士来往逐渐密切，尤其与乡绅李润生最为相熟，遂成莫逆。王黼臣久闻秋瑾女才子的名声，又曾在秋宅有过几面之缘，对秋瑾印象甚好，认为她秀润健朗，乃多子多福之兆。而秋寿南时任湘潭厘金局总办，财权在握，能与秋家结亲，王黼臣自然心满意足，于是他托李润生为冰人，正式向秋家提亲。秋寿南了解后得知王廷钧就读于岳麓学堂，通八股，善文墨，相貌又非常俊秀，加之两家门当户对，便答应了这门亲事。按现在女性觅偶的标准来看，婆家殷实富足，丈夫温文尔雅、体貌俊朗，虽无江淹之才，也曾于声名赫赫的书院就读，一切都应是天作之合。便是在秋寿南看来，夫妻二人的脾气、秉性乃至兴趣爱好，都可以在婚后通过长时间的相处慢慢磨合，却未曾想到，对自己不走寻常路的女儿而言，这桩不和谐的婚姻成了困守她的桎梏与牢笼。一双他人眼中的女才男貌，却结缡数载便成怨偶。而后秋瑾更是不堪忍受旧式家庭的圈囿，抛夫舍子，负笈东瀛，又不顾一切投身革命，这都是王、秋两家未曾料及的。

秋瑾嫁入王家第二年，便生子沅德，字仲瀛，号艾潭，这是王家的长子长孙，深得婆婆屈氏宠爱。在外人看来，公婆对这位出身好容貌佳的儿媳妇很满意，作为丈夫的王廷钧亦颇为她自豪，据说他常把秋瑾写的诗词不无得意地拿给朋友们欣赏，还夸耀妻子棋也下得比自己好。但正所谓如人饮水冷暖自知，作为旧式大家庭，王家非常看重礼数，婆婆御下颇严，每日 3 次请安，无一缺漏，且性格暴躁，爱吹毛求疵，秋瑾偶有过失，便会遭到面斥。公公王黼臣思想闭塞守旧，恃强欺弱，还有着一般暴发户突然得志的刻薄寡恩。秋瑾少时受宠，不受平常管束，在这种氛围中生活，深感拘谨，心中自是怏怏不乐，加之越来越难以忍受王家的专制之风和铜臭气息，婚后的时光变得异常煎熬和压抑。现在回看她嫁入王家后写的一些诗词，如《满江红·中秋夕》《深院月》《南浦月》《忆萝月》等都含蓄地表达了自己在婚姻中的抑郁。尤其这首《谢道韫》更是深刻写出了她对王廷钧的失望：

咏絮辞何敏，清才扫俗氛。

可怜谢道韫，不嫁鲍参军。

谢道韫是东晋宰相谢安的侄女，她嫁给了王羲之薄财无能的儿子王凝之，回娘家省亲时其父询问她为何对丈夫不满至此，谢道韫对比了自家的一门英豪，哀叹："不意天壤之中，竟有王郎！"后世便以"天壤王郎"表示出色女子所嫁不遂心。秋瑾诗中引用这个典故，可见内心充斥着难以排遣的痛苦和压抑。

王廷钧原属蒲柳弱质，少有男子的阳刚之气，又因生于富庶之家，从小被百般溺爱，不识人世艰难。不仅如此，纨绔之气尤重，吃喝嫖赌无所不沾，而秋瑾在意的诗词歌赋却无一精通。秋瑾在日本时曾创作弹词《精卫石》，里面对自己婚后的生活和妇女的不幸遭遇给予了强烈控诉：

把你关得紧紧，如幽囚犯人一样，有苦无门可诉，气死了，凌虐了，旁人也不能说句公平冤苦话。若又遇了恶的姑嫜，讨了一房媳妇，好似牢头增了一个罪囚，又似南美洲的人增了一口黑奴，种种虐待，务使你毫无生人之趣。儿子有罪，都归在媳妇身上；东西不见了，就说媳妇偷了，送娘家去了；儿子本不成材料的坏东西，反说我儿子本是好的，都是媳妇来了教坏了；家中或是生意折了本，或是死了人，有不顺遂之事，就是媳妇命不好的缘故。真如眼中钉、肉中刺一般，欲置之死地而后已。

相处日久后，秋瑾发现王廷钧除游手好闲、不学无术外，还性格怯懦、胆小如鼠。秋瑾关心政事，平日间喜欢纵谈历史横议现实。但王廷钧听闻却惶惶然如惊弓之鸟，哪怕家中私室也要紧闭门窗。他一再提醒秋瑾：女子无才便是德，闲暇时光理当做做女红侍奉公婆，至多是舞剑写诗，千万不能招惹口舌之祸，以免掉脑袋、被诛九族。

《马关条约》签订后，康有为带领 1000 多名举人在北京发动“公车上书”，并提出“变法图强”的主张。接着，改良派在全国各地积极创办报刊、组织学会，大力鼓吹变法。而秋瑾所在的湖南，正是此次变法运动最活跃的省份之一。巡抚陈宝箴和按察使黄遵宪等积极推行新政，数年内，湖南新学盛行、学会林立。《湘报》、时务学堂、南学会等宣传变法的阵地相继出现，连梁启超也于 1897 年出任时务学堂的中文总教习。秋瑾身处深宅大院，无法投身维新运动，但她却隐约觉得这是晚清灰暗社会中的一丝亮光，故而百日维新失败后，她深受打击，但却更加关心《湘学新报》《湘报》所载的中国时局，还写信给在北京工部道路局任职的哥哥秋誉章，请他告知北京的情况以及变法的影响。

1900 年的庚子国变引发了八国联军侵华，沿海的北方城市惨遭杀戮，百姓流离失所苦不堪言。秋瑾虽身在南方，却非常关心北方战事，她在诗中描写了祖国危亡、被列强瓜分的沉重局势，以一句"漆室空怀忧国恨，难将巾帼易兜鍪"表达了自己一介女身空有报国之心的遗憾。

更值得一提的是，此时的秋瑾已经开始意识到只有联络更多有志之士共同奋起才能挽救民族于危亡。在《感事》一诗中，她又写道：

竟有危巢燕，应怜故国驼。
东侵忧未已，西望计如何。
儒士思投笔，闺人欲负戈。
谁为济时彦？相与挽颓波。

相较于秋瑾的心系国事，王廷钧却是一副“事不关己，高高挂起”的姿态。他认为打仗与女子无关，且战事也蔓延不到湘潭，少不了秋瑾的吃穿用度，所以她只需安心照顾好全家的生活即可，不该整日胡思乱想。

王廷钧这种对国家前途命运漠不关心的态度，让秋瑾愈加失望，志趣和性情差异甚大的两个人，自然是方枘圆凿，两不相就。徐自华女士所撰《鉴湖女侠秋君墓表》称秋瑾“不拘小节，放纵自豪，喜酒善剑”“平生亢爽明快，意气自雄”，这样的女子，志气之大、眼光之高，怎可能唯唯诺诺止步深宅大院，柴米油盐以终其身？却无奈嫁给了无能无艺无胆无识的王廷钧，便是连寻常情趣也不可得。

1901 年夏历 8 月，秋瑾生下女儿桂芬，取字灿芝。不久，父亲秋寿南病逝，秋瑾未及奔丧，秋氏全家移居到湖南。为维持生计，秋母作主与王家合资在湘潭城内开设了和济钱庄，不料因用人不当，钱财为经理陈玉萱所侵占，次年钱庄便宣告倒闭，秋家陷入经济困顿，而秋王两家也因此非常不快。此时，王黼臣见秋寿南已故，钱财复空，便流露出炎凉故态，秋家眷属因此亦无法继续于湖南立足，于是举家迁回绍兴，而公婆对秋瑾亦不复从前的热络。

纵观秋瑾在湖南苦捱的婚后时光，尽管王家生活优渥，但她与周围之人毫无共同语言，内心极其苦闷。她对丈夫王廷钧之言行嗤之以鼻，极力排斥，而后者屡遭冷落又无力抗衡，便寄情他处，整日流落烟花柳巷，久而久之夫妻感情降到冰点。对于王廷钧的胸无大志、随波逐流，秋瑾倍感失望，她在给其兄秋誉章的信中言道："吾以为天下之最苦最痛之无可告语者，惟妹耳。居无家室之乐，出无戚女之助，漂泊天涯，他日之结局实不能预定也……妹如得佳偶，互相切磋，此七八年岂不能精进学业？名誉当不至于如今日，必当出人头地，以为我宗父母兄弟光，奈何遇此俗子，非但无所受益，反以终日之气恼徒伤脑筋。”对于王廷钧混迹章台，拈花惹草，秋瑾更是怒不可遏：“廷钧之人，行为禽兽不若，人之为良，莫此为甚！”既然是遇人不淑，且话已说到如此这般毫无回旋之余地，以秋瑾目不容沙的性情，她与王廷钧的关系显然已经到了名存实亡的地步。

03 寓居北京：愁城十丈坚难破

庚子国变深深刺激了秋瑾的内心，成为她立志献身革命的关键。她愤而抄写《黄帝纪元大事年表》，定此年为“汉族将受制于西人”之年。她了解得越多，对清廷的做派愈发不满，在其思想深处，改良的希冀逐步被革命思潮所取代。正如她后来在《致王时泽书》中所言：“吾自庚子以来，已置吾生命于不顾，即不获成功，而死亦吾所不悔也。”

1903 年春，秋瑾随同王廷钧捐官北上。《辛丑条约》签订后，清廷国库空虚，便默认了官场上卖官鬻爵的行为。王家借此机会出钱给王廷钧捐了个户部主事，秋瑾对此虽非常嫌恶，内心却又暗暗希望丈夫能离开湘潭那些酒肉朋友，在北京能有机会沐浴新潮，改变游手好闲的不良作风。此次北上，婆婆屈氏和儿子沅德本来同行，但屈氏十分不习惯北京的生活，又舍不得孙子，秋瑾只得送他们折返湘潭，继而再北归。回来前，秋瑾曾往绍兴省亲，时间甚短，途经上海时，写了一首《重上京华申江题壁》：

又是三千里外程，望云回首倍关情。
高堂有母发垂白，同调无人眼不青！
懊恼襟怀偏泥酒，支离情绪怕闻莺。
疏枝和月都消瘦，一枕凄凉梦不成。

很多学者读此诗都认为这是秋瑾人生契阔悠长的喟叹，她认为不甘现实者应该追求一些其他的东西：如理想的实现、同道之相求等，表达出秋瑾在思想上挣脱“小我”，走向“大我”的一番心路历程。

抵京后，秋瑾和王廷钧住在南城的绳匠胡同，租金为每月八两银子。刚刚落脚，她便目睹了官场的腐败糜烂、社会的贫穷黑暗以及外国侵略者的飞扬跋扈，故而拯救国家于危难的心意日渐坚决，也更加希望丈夫能在帝都接受新潮洗礼，在政治和思想上或多或少有些进步，二人能就此有些共同语言。但或许是对买官之人心存忌惮，官署并未给王廷钧安排实质性的工作，他成了名副其实的闲差，即便每天小心应对官场上的各种关系，背后还是遭到同僚奚落。为了掩饰自己所受的屈辱，王廷钧开始不停地在妻子面前吹嘘自己的职位如何重要，上司对他有多么倚重，且他白天无事可做，晚上却忙于各种无聊应酬，与新结识的狐朋狗友喝酒赌博，常常深更半夜才回家。初时，为了消除丈夫心中的烦闷，秋瑾还会耐心倾听那些唠叨，容忍他的浪荡。久而久之，秋瑾开始对王廷钧的言行感到厌烦与失望，认为他眼界狭窄、缺乏年轻人的远大抱负，是一个永远无法被感召的纨绔子弟。

秋瑾初抵京时，人地生疏，生活很不习惯，常常感叹："室因地僻知音少，人到无聊感慨多。"但住在绳匠胡同一段时间后，她结识了王廷钧的同事、廉泉的夫人吴芝瑛。吴芝瑛是曾国藩四大弟子之一、清末桐城派散文大家、时任京师大学堂总教习的吴汝纶的侄女。吴汝纶学贯中西、思想开化，对吴芝瑛影响很大，她幼承家学、才华横溢，在文学、书法等方面都功力深厚，其造诣是寻常女眷难以比拟的。其夫廉泉参与过“公车上书”，赞同变法，且新旧学皆通。廉氏夫妇二人都属于为人正直且爱国心热切之人，秋瑾与吴芝瑛一见如故。二人都对诗词有着浓厚的兴趣和很深的造诣，思想又十分趋新，故而很快结下了如同姐妹般的深厚情谊。秋瑾一生中，与她感情最深，对她影响最大的两位闺中密友，如以时间来划分的话，前期便是吴芝瑛，后期为徐自华。南社诗人陈去病多年后撰《秋瑾小传》，称赞吴、秋二人为“珊瑚玉树之齐辉并美”的一代才女。秋瑾曾作《赠盟姊吴芝瑛》，表达了她与吴芝瑛同气相投的知己之情：

曾因同调访天涯，知己相逢乐自偕。
不结死生盟总泛，和吹埙篪韵应佳。
芷兰气味心心印，金石襟怀默默谐。
文字之交管鲍谊，愿今相爱莫相乖。

吴芝瑛家藏书丰富，不仅有经史子集、诗词歌赋等传统典籍，还有大量有关新学的报刊及图书，秋瑾对此叹为观止。她成了吴芝瑛家的常客，如饥似渴地用心阅读，了解世界形势和风起云涌的革命思潮，并结合近年来耳闻目睹的社会现实进行对照与思考，从而眼界和见识都大为开阔。

基于吴芝瑛的介绍，秋瑾还结识了很多志同道合、个性相投的知交好友，如吴芝瑛的几位亲戚龚味荪、陈华，陶大均与妻子陶荻子，户部郎中李希圣、《帝国日报》主笔刘少之等，秋瑾的社交圈子变得愈发广泛。后应李、刘二人邀请，秋瑾经常在报纸杂志上发表诗文，起初以唱和之作为主，后来开始写些政论性质的夹叙夹议文章。在这个过程中，秋瑾对政治的兴趣亦愈发浓厚。她意气风发的诗作《宝刀歌》表达了她对国家危机和世界形势的思索，一时和者甚众。

汉家宫阙斜阳里，五千余年古国死。

一睡沉沉数百年，大家不识做奴耻。

忆昔我祖名轩辕，发祥根据在昆仑。

辟地黄河及长江，大刀霍霍定中原。
痛哭梅山可奈何，帝城荆棘埋铜驼。
几番回首京华望，亡国悲歌泪涕多。
北上联军八国众，把我江山又赠送。
白鬼西来做警钟，汉人惊破奴才梦。
主人赠我金错刀，我今得此心雄豪。
赤铁主义当今日，百万头颅等一毛。
沐日浴月百宝光，轻生七尺何昂藏！
誓将死里求生路，世界和平赖武装。
不观荆轲作秦客，图穷匕首见盈尺。
殿前一击虽不中，已夺专制魔王魄。
我欲只手援祖国，奴种流传遍禹域。
心死人人奈尔何？援笔作此《宝刀歌》。
宝刀之歌壮肝胆，死国灵魂唤起多。
宝刀侠骨孰与俦？平生了了旧恩仇。
莫嫌尺铁非英物，救国奇功赖尔收。
愿从兹以天地为炉阴阳为炭兮，铁聚六洲。
铸造出千柄万柄宝刀兮，澄清神州。
上继我祖黄帝赫赫之威名兮，
一洗数千数百年国史之奇羞！

1903年可谓多事之秋。为争夺对朝鲜和中国东北的控制权，日本对俄国宣战。这场事关中国利益，且主战场在东北的不义之战，懦弱的清政府却保持中立不敢插手。4月27日，上海的有识之士成立“爱国学会”，爱国女校校长蔡元培率先剪辫表达愤慨。此后，民间剪辫人士日多，革命浪潮风起云涌，而革命的中心便是日本的东京，其主力便是大清朝年轻的留学生们。5月11日，湖南籍留日学生黄兴、陈天华、蔡锷等，将1902年学生组织的“抗俄义勇队”改名为“军国民教育会”，掀起了反清革命。6月，黄兴回国，在南昌发表以“满汉的边境以及国体、政体的改革理由”为主题的演讲，取得极大反响；接着，黄兴到武汉数日，给军人、教师、学生散布邹容的《革命军》、陈天华的《猛回头》《警世钟》等宣传革命的小册子。之后，黄兴在湖南长沙召集志同道合的同志12人，成立华兴会，这也是孙中山日后成立的同盟会的组织前身之一。

与此同时，章士钊担任主笔的上海《苏报》因为新辟专栏“学界风潮”，发表《驳康有为论革命书》，推介《革命军》等鼓吹推翻帝制、宣扬革命的文章，被清廷查封，总编陈范和章炳麟等6名革命党人被捕入狱。“苏报案”在江河日下的清社会引起了轩然大波。受此影响，各种革命团体相继而生，大批宣传西方资本主义政治、历史、哲学和科学的新书在中国社会广泛流传，严重冲击着禁锢知识分子思想的封建伦理纲常。而大批的青年人受革命精神鼓舞，毅然走出国门，亲身接触和研究资本主义文明。

民族危机和社会形势严峻至此，秋瑾再也不愿待在懦夫身边，过饱食终日、碌碌无为的日子，她深感“人生处世，当匡济艰危，以吐抱负，宁能米盐琐屑终身乎”？但王廷钧显然难以理解妻子的思想与抱负，为了稳固自己在户部的地位，他整日忙于迎官拜客、阿谀奉承，沉湎于无聊的交际，常常夜不归宿。对此，秋瑾厌恶非常，她对王廷钧冷脸以待，夫妻间的感情降至冰点。

中秋佳节，王廷钧要在家中宴客，嘱咐秋瑾备好酒菜，但临近傍晚，王廷钧却被人拉走在外应酬。秋瑾心情烦闷，便换上男装，带着仆人去往戏园看戏。清末，民间衣着早不似往昔严格恪守封建礼制。秋瑾自小崇尚豪侠，婚后生活的苦闷和不幸，更使她进一步意识到妇女在家庭中和社会上所受的种种歧视与苛待。她在《满江红·小住京华》里曾有“身不得，男儿列。心却比，男儿烈”之语，以此抒发自己作为一介女流亦渴望承担传统赋予男子的责任和义务。而在秋瑾看来，脱下红装，穿上男人的衣物鞋帽，把自己在外表上打扮成男人，最能表达这种与男性比肩的情怀，亦最能挑战社会上把女人当玩物、视小脚为“美”的封建礼教与习俗。后来与之交好的服部繁子，对第一次见到男装的秋瑾印象非常深刻：

他身材瘦长，腰稍有点弯，男性分头又黑又密，斜戴着黑色的鸭舌帽，帽子盖住了一只耳朵，蓝色的旧西装有点不太合身，从长长的袖口底下隐约可以看见一只纤细的手，手里握着细细的手杖，从肥大的裤脚隐约可以看见已经褪色的咖啡色皮鞋，在胸口打着绿色领带。给人的感觉是，他身上的穿戴都是从旧衣店、旧鞋店里收罗后左拼右凑勉强穿在身上的。

然而，在绝大多数人还恪守男尊女卑之礼教的晚清社会，宅门女性都是在家中听“堂会”，很少抛头露面去戏园子，更遑论怪模怪样地穿着男人的衣服。王廷钧得知秋瑾的行为后，感到自己作为朝廷命官的脸面都被丢尽了。他怒气冲冲赶回家，不由分说便动手打了秋瑾一记耳光。秋瑾岂甘受此折辱，一怒之下便收拾衣物离家出走，于阜成门外的泰顺客栈暂时落足。次日，王廷钧担心此事传出会惹得同僚笑话，便派女仆送信前去劝和。秋瑾在给大哥秋誉章的信中如此记载：“后妹出居泰顺栈，则又使其仆妇甘辞诱回。”所谓“甘词”即甜言蜜语，但好话说尽，秋瑾仍不为所动。王廷钧见事态僵化，又上门求助吴芝瑛未果，只好恳求吴芝瑛将秋瑾暂时接到身边安置。中秋夜，秋瑾倍感孤独，又联想到国家前途，忧思之下赋《满江红·小住京华》一首：

小住京华，早又是，中秋佳节。

为篱下，黄花开遍，秋容如拭。

四面歌残终破楚，八年风味徒思浙。苦将侬，强派作蛾眉，殊未屑！

身不得，男儿列。心却比，男儿烈！算平生肝胆，因人常热。

俗子胸襟谁识我？英雄末路当磨折。莽红尘，何处觅知音？青衫湿！

秋瑾从吴芝瑛处回家后不久，是年十月末，她与王廷钧再起冲突，且事态严重到廉泉、陶大均夫妇，以及他们的亲戚——陈威、陈毅兄弟的父亲陈静斋前来调和矛盾。但秋瑾深知，她与王廷钧之间的嫌隙已经无从弥补。恰在此时，陈静斋带来了《留学倡议书》公函，上面详细介绍了留学的方法，秋瑾阅后非常兴奋。早前吴汝纶曾考察日本，认为日本崛起的真正原因在于教育，秋瑾从吴芝瑛处了解到日本的教育体系后被深深吸引，从那时起便升腾起赴日留学的念头。此时得知只要凑足学费，便有可能马上东渡，自是激动万分。

20 世纪初，赴日留学的人数激增，秋瑾了解到这种留学浪潮后，决心不顾一切亦要负笈东瀛，结识更多志同道合之人，寻求救国救民的真理。于是，她报名参加了“东文学社”，开始学习日语。

得知了妻子的这种念头，王廷钧自是万般反对。但他又知道秋瑾是个说一不二之人。于是他一方面极力为秋瑾提供优渥舒适的生活，比如，购置银狐大衣和一些与革命无关的消遣字画，还专门租用了一驾马车方便秋瑾出门看戏。总之，为博秋瑾欢心他可谓费尽心机。但另一方面，他又偷偷藏起了秋瑾陪嫁的首饰，以防秋瑾变卖凑足学资。王廷钧此举导致夫妻二人的关系愈加恶化，秋瑾对于他私藏自己陪嫁一事更是感到唾弃和痛绝，她切齿言称王廷钧“禽兽不如”，认为他：“无信义、无情谊、嫖赌、虚言、损人利己、凌侮亲戚、夜郎自大、铜臭纨绔之恶习丑态”，并断言“其终身不能改变”。在秋瑾后来所写的弹词小说《精卫石》中，她将王廷钧写成一个叫作“苟才”的不堪人物，以此菲薄他的品行。夫妻交恶至此，秋瑾主动要求与王廷钧分居。起初，王廷钧并不答应，后经诸多好友调停及从中斡旋，且王廷钧见秋瑾去意已定，只好与之达成协议：由王廷钧给秋瑾万元作留学费用，从此两人行动各不相干，秋瑾从家中搬离，子女由男方抚养。对于此番不易，秋瑾曾在诗作《见月》中以填海的精卫和补天的炼石自比，抒发了自己彼时不得志的心境以及无论如何都要挣脱牢笼实现心中抱负的愿望。

愁见帘头月影圆，思亲空剩泪潺湲。
衔泥有愿誓填海，炼石无才莫补天。
湘水燕云萦旧鹿，碧山红树噪新蝉。
十分惆怅三分恨，往事思量只自怜。

秋瑾与王廷钧别离，除万元补偿外别无所有，迁出后只能寄居在吴芝瑛家。对于吴芝瑛的深情厚谊，秋瑾铭感于怀。1904 年正月初七，二人交换了同心兰谱，结为姐妹。

同心之言

秋闺瑾：字璇卿，号旦吾，浙江山阴县民籍。年二十八岁，十月十一日卯时生，适王。

曾祖：家丞。祖：嘉禾。父：寿南。母：单氏，现年六十岁。兄：原名誉章，字徕稷，派名应奎。妹闺珵，字佩卿。弟宗章。侄三：锡辰、锡甲、锡揆。侄女二：慕芬、慕昭。子派名沅德，名源深，字仲瀛，号艾潭。女桂芬，字灿芝。

跨马担簦，乘车戴笠，贵贱不渝，始终如一。

紫英仁姊大人同心惠存

如胞妹秋闺瑾顿首拜

光绪甲辰元月订文字之交于京师旅次。

之后，秋瑾赠吴芝瑛鞋一双、裙一条，言称："此我嫁时之物，因改装无用，今以贻姐，为别后相思之资。"吴芝瑛不仅对秋瑾有知遇之恩，在她最落魄之时不离不弃。数年后，她还出资帮助秋瑾兴办《中国女报》，更在秋瑾就义后为实现她生前"埋骨西泠"的愿望而操劳奔走，被当局视作秋瑾的同党而被投进上海的监狱，可谓用行动恪守了与秋瑾"贵贱不渝，始终如一"的誓言。

婚姻的不幸使秋瑾意识到中国的革命应从家庭内部开始，女子要翻身必须破除男尊女卑、三纲五常等封建陋俗。于是，她将剩下的首饰委托友人陶荻子变卖，艰难地凑足了留学经费，打算次年春天成行。就在此时，她偶然得知素昧平生的戊戌党人王照因事变牵连入狱。秋瑾虽与其政见不同，且只读过他一些白话文著作，但也极其钦佩其爱国热忱，认为他是一个敢言能文之人，便匿名托人将她学费的一部分秘密送入狱中以作营救。当时，刑部已经奏准慈禧太后将王照赐死，是秋瑾的 2000 元将其从鬼门关拉回。秋瑾行事非常隐秘，连吴芝瑛都未曾告知，彼时京城盛传一位美妇为王照出钱赎命，谁也未曾料到居然是秋瑾。待王照出狱后多方询问才得知实情，不禁感激涕零，想登门致谢时，秋瑾已经远在东洋了。因为资助王照，秋瑾囊中再度告急。1903 年冬，她南下回到绍兴老家筹措学费，并把一双儿女托付给阔别已久的母亲。单氏为了支持女儿，拿出了三百两白银以及首饰等物品，可谓风雨飘摇中的秋家为她作出的最大努力。

自绍兴返京时，秋瑾途经上海，打算在那里寻找志同道合之人一起赴日，未能如愿。但她此番对这座纸醉金迷、笙歌遍地的城市感到无比厌倦，一心只想快些回到北京，为留学做最后的准备。秋瑾在诗作《申江题壁》中表达了她对十里洋场的奢靡以及人们不知亡国之恨的失望之情。

一轮航海又南归，小住吴淞愿竟违。
马足车尘知己少，繁弦急管正声稀。
几曾涕泪伤时局，但逐豪华斗舞衣。
满眼俗氛忧未已，江河日下世情非。

1904 年年初，中国的妇女运动开始勃兴。1 月 17 日，被秋瑾后来称为“女刊巨擘”的《女子世界》在上海发行，提倡女学、女权，主张“女界革命”和“习武精神”，号召“驱除异族，光复河山，推倒旧政府，建设新中国”，但刊物对外只称为“在日女留学生情况报道”。1 月 22 日，上海南门外的宗孟女学堂成立“同志妇女会”，大家商定“一旦有战事发生，共同奔赴战场”。除了这些具有革命气息的女子社团外，以京师大学堂的教习夫人及官太太为主的妇女们，则计划筹办以女性教育为主题的谈话会，以此研讨学问、交换意见。最后，吴芝瑛和欧阳弁元副教习的夫人于是年2月初发起了“妇女谈话会”。正是在这次座谈中，秋瑾认识了京师大学堂日籍教习服部宇之吉的夫人服部繁子。繁子是女子教育和男女平权的拥护者，与秋瑾颇为投机。她向秋瑾介绍了日本女学发达的情况，愈发引起了秋瑾对日本的向往。

4月初，秋瑾即将启程。吴芝瑛和陶荻子约了一班秋瑾在北京交往的官宦眷属，在陶然亭为秋瑾饯别，大家还相互赠诗唱和，表达惜别之情。细想来，这几位女性虽未能与秋瑾的革命事业相始终，却也对她走出家庭，只身赴日的行为给予了精神和物质的支持。吴芝瑛特向秋瑾赠予一联：“驹隙光阴，聚无一载；风流云散，天各一方”。秋瑾感慨之余，撰《临江仙》一首，她为即将与姐妹们离别而难过，同时又为今后将投身的事业感到憧憬和自豪。对于这次送行聚会，5月10日的《大公报》以《女士游学》为题作了报道：“秋女士璿卿，邀合同志妇女数十人，赴日本留学，闻定于本月由京启程。”

恰在此时，服部繁子有事回国，便与秋瑾相订偕行相互照应。

04 孤身赴日：万里乘风独向东

日本自 1868 年明治维新后，经济飞速发展。与此同时，随着西方著作的不断译介，西方的资产阶级启蒙思想与革命精神也不断传入。1901 年 5 月，日本的第一个社会主义政党——社会民主党宣告成立。该党虽遭遇成立当天即被解散的厄运，但其纲领宣言已经在报纸上被广泛宣传，由本土人士写就的书籍，如幸德秋水的《二十世纪的怪物——帝国主义》、西川光次郎的《土地国有问题》等书在日本社会产生了一定的影响。所有这一切，连同早已在日本传播的“天赋人权”思想，对彼时的中国留学生无疑有着强大的吸引力。

自 1896 年起，清政府首次派遣 13 名留学生前往日本留学，到 1901 年，各省青年纷纷东渡，官派留学形成一股潮流，学生主要来自江苏、浙江、安徽、湖北、湖南等省。随后，自费留学也应运而生，导致在日的中国留学生人数激增。然而，学生们到了日本，却没有如政府所期望的一般沉浸于学问。青年们目的殊异，参加革命、宣传资产阶级民主思想者有之；大力鼓吹君主立宪思想者有之；仅为镀金，以便回国捞个一官半职者亦大有人在。正如秋瑾当时所讥讽的：“他们以东瀛为终南捷径，以学堂为改良之科举，并非为了拯救积贫积弱的祖国。”但是，总体而言，留学生中仍有一大批心怀祖国与民族复兴之人，他们怀着强烈而热切的心愿来到日本，希望能够寻求到救国真理。因而，在学习之余他们会努力地跑书店、赴会馆，倾听集会和演讲，这些都对后来秋瑾的求学生涯有很大的影响。

1895 年，《马关条约》签订后，孙中山在横滨设立了兴中会分会，并在日本华侨中筹款开展革命。1903 年，章太炎在东京发起“支那亡国二百四十二年纪念会”，结果虽因遭到清廷和日本政府的联合破坏而未能如期举行，章太炎起草的宣言书却在日本留学生中产生了巨大影响。此后，由留学生发起的各种革命活动蓬勃兴起。留日学生举行元旦团拜会，当着驻日公使蔡钧及留学生监督汪大燮的面，马军武、刘成禹等人相继发表演讲，历述清朝统治的黑暗，呼吁破除满族专制，恢复汉人主权。4 月底，500 多名在日留学生在东京锦辉馆集会，决定组织“抗俄义勇队”，回东北抗击沙俄侵略军，甚至很多女生也决定与男同学一起赶赴前线，看护伤病员。此外，宣传革命的期刊如《江苏》《新湖南》《湖北学生界》等雨后春笋般出现。秋瑾正是在民主革命潮流的激荡之际来到日本，开始了她的留学生涯。

1904 年 6 月 28 日，北京碧空如洗，秋瑾与服部繁子一行正式启程。她们先乘火车离开北京经天津去塘沽，然后改乘日本大阪商船股份有限公司租用的德国轮船“独立号”。一路上由于风浪极大，服部繁子和孩子们都出现了晕船、极度不适的感觉，秋瑾却泰然自若。她一面全力护住服部，一面禁不住心潮起伏，感慨良多。旅途中秋瑾还结识了几位日本友人，诗兴大发，她与石井唱和，写下了这首《日人石井君索和即用原韵》，表达了她对祖国危亡的忧虑：

漫云女子不英雄，万里乘风独向东。
诗思一帆海空阔，梦魂三岛月玲珑。
铜驼已陷悲回首，汗马终惭未有功。
如许伤心家国恨，那堪客里度春风？

在经过仁川、釜山后，“独立号”于7月2日在神户靠岸。稍事休整后，傍晚时分秋瑾又与服部繁子一行从神户乘列车出发。两天后她们抵达东京新桥车站，秋瑾与服部繁子告别，跟随前来接站的亲戚陈威、陈毅来到了政府指定的、位于骏河台铃木十八町番地的“清国留学生会馆”。在会馆办理登记时，秋瑾撇弃了夫姓，直接填写了“秋瑾”二字。从此，她正式开始了自己的留日学生身份。

“清国留学生会馆”是1902年3月在清朝公使馆的资助下，由中日一批有识之士共同设立的。据考证，会馆租用的是骏河台一带的空地，房屋是

一座两层楼的西式建筑和一座日式房屋，包括事务室、会客室、食堂、图书馆、阅览室、音乐室和健身房。图书馆里有各类中日文书籍，亦有经过政府认可发行的描写独立战争史和革命战争史的书籍。

按照规定，秋瑾先行参加日语讲习所，夯实语言基础。刻苦学习之余，她还挤出时间参加每周一次的浙江同乡会，因为王廷钧是湖南人，她与湘籍同学亦常有走动。群体活动拓宽了秋瑾的交际面，她在锦辉馆的湖南同乡会上认识了非常有才华的官费生王时泽。王时泽的《回忆秋瑾》一文被收录于《辛亥革命回忆录》第四卷，是现代研究秋瑾的重要史料。是年秋末，秋瑾便与王时泽一起去横滨参加了革命团体“三合会”，她经冯自由妻李自平介绍入会，并被封为“白纸扇”，即军师。

对于秋瑾而言，寻找到革命集体，便如同接触到救国的门径，她非常看重群体之间的交往，希望从中寻觅到志同道合的知音。这种心态在她当时的诗作《鹧鸪天》中有着典型的体现：

祖国沉沦感不禁，闲来海外觅知音。金瓯已

缺总须补，为国牺牲敢惜身。

嗟险阻，叹飘零，关山万里作雄行。休言女子非英物，夜夜龙泉壁上鸣！

秋瑾赴日后半个月，就给天津大公报的编辑吕碧城寄去书稿和书籍。吕碧城后以“碧城女史”著称于世，秋瑾赴日前，曾身着男装前去其天津的寓所拜访，试图邀请她一同前往日本留学。吕碧城当时忙于为《大公报》撰稿鼓吹文学，并未答应。但她与秋瑾一见如故，志同道合，秋瑾在日的消息及文章常通过吕碧城发表于国内。7 月 22 日，她在“中外记事”一栏发表文章，报道了秋瑾赴日的经历，鼓舞中国女子多“到东游学”，他日回国可为中国女学充盈师资。

1904 年 7 月 16 日，秋瑾出席了日本帝国妇人协会附属实践女子学校的毕业典礼，并借此机会认识了校长下田歌子女士。下田歌子当时 48 岁，她本是宫廷女官，留学欧美后回到日本创建了实践女子学校，其办学目的便是为国家培育完美的女性。这种理念造成了后来她与秋瑾的决裂，但在当时，秋瑾非常敬慕下田歌子，决定在日语学习结束后便入读实践女校。学习之余，秋瑾非常看重组织和参与团体活动。其中最值得一提的是她重组了留日女生团体共爱会。该组织是在日俄战争的背景下，由胡彬夏等 20 余名女生于 1903 年 4 月在东京创立，后来成为近代中国非常有名的妇女团体，其宗旨在于“拯救二万万之女子，复其固有之特权，使之各具国家之思想，以得自尽女国民之天职”。但由于缺乏有力领导、人数太少，活动受限，该组织长期处于停滞状态。在这种情况下，第一次使用“竞雄”为号的秋瑾和《苏报》创办人陈范之女陈撷芬一起将组织改名为实行共爱会，陈撷芬任会长，以此作为开展妇女运动的一个机构。作为中国近代史上第一个妇女政治团体，它展现了女学生对政治的关心。其成员在报刊上发表文章呼吁男女平等、女子自立，号召女性合群、求学，勇敢地“脱男子之范围”，也主张女性从军、救护受伤战士。

共爱会的一个重要活动就是演讲，为了提高演讲者的水平，规定这是每个会员应尽的义务。秋瑾因此还和持改革态度的学生辛汉、华振等人在留学生会馆组织了“演讲练习会”。她认为演说可以使没钱订报或不识字之人了解革命、爱国的真理，使他们加入反抗斗争的行列。故而她热情洋溢地提倡演说，并积极改进演说技巧。针对中国各处方言不同，为避免“说者滔滔不绝，闻者充耳罔闻”的情况，秋瑾又提议附设“标准语研究会”，敦促大家使用普通话发表演讲，她还带头克服困难，想尽办法改变自己浓重的绍兴口音。经过不断练习，秋瑾在同乡会上发表过诸如《纪念屈辱的八国联军侵略》等以反帝为核心内容的激烈演讲。她雄辩的口才和富于鼓动性、说服力的话语使之在留日学生中享有很高的威望。当年 10 月号的《女子世界》曾对秋瑾的演说作过专门的报道：“中历八月十三日，是戊戌六君子成仁之期，留学同人特于是日设会公祭。礼毕，同人演说，以浙江秋璿卿女士最沉痛。是日到会者有一百二十余人，闻者皆为泣下。”

1904 年 8 月，在服部繁子的引荐下，秋瑾进入位于常盘松的实践女子学校就读。实践女校于 1901 年开始招收中国女生，1902 年在校内特设了“中国留学生部”，另外拟定了与日本学生不同的课程计划。其后，因为清政府把该校作为派遣公费留学生的指定院校之一，申请者激增，仅 1904 年 11 月便有 27 名湖南籍女生要求入学。为此，下田歌子在驻日中国留学生监督兼中国留学生总会副干事长范源镰等人的协助下，增设了“实践女校附属清国女子师范工艺速成科”来安排这批学生，并继续招收后来的中国女留学生。8 月中旬，秋瑾又给吕碧城寄去自己的文章，介绍共爱会的现状，并欢迎中国学生前往日本留学。8 月 26 日，吕碧城以《中外近事 · 女界之光》为题在《大公报》上发表了该文。

8 月末，服部繁子要随丈夫返回京师大学堂。临行前，她来看望秋瑾，却听到秋瑾关于实践女校伙食及其他收费问题的抱怨。繁子此后在将这些不满转达给下田歌子的同时，也提醒了她关于秋瑾革命性的一面，而舍监也把秋瑾的“危险动态”报告给下田歌子。但下田歌子并不以为然，她觉得办教育的目的即在于转变人心，认为自己的教育理念可以逐渐将秋瑾感化，但后来的事实却一再证明了秋瑾的革命意志绝非轻易可移之。

秋瑾在实践女校选了9门课，每周上课33节，6节自修。值得一提的是，她将体育课程选为了主修课，而那时的女性，不要说有意识地主修体育，恐怕听闻“体育”这个名词的都不多见。秋瑾为此，固然与她年少时喜欢舞刀弄剑有关，但更有说服力的原因恐怕是清末流行的“进化论”。彼时，维新派人士一再强调母体强健对于强国强种的重要意义，而有我国“女界卢梭”之称的金一则认为女子教育的目的“不是把女性教育成为贤妻良母，而是要把她们教育成反抗压迫、独立自由、品质高尚、体魄健强、献身革命的人”。金一还强调，古代的斯巴达人也训练妇人强身，体育对于个人和国家都是十分重要的。这样的观点应该对秋瑾主修体育起到了相当的影响，而秋瑾在日本的体育素养，也成为她后来返国后创办和主持大通体育学校的基础。

在紧张的学习之余秋瑾不仅赴会馆、跑书店、往集会、习讲演，甚至还涉足创办刊物。9月24日，由秋瑾参与编辑的月刊杂志《白话》第一期发行。为了显示反清意志，该刊采用了公历纪年。创刊号主要内容有发刊词、演讲摘要以及秋瑾为“演讲练习会”拟定的《演讲练习会略则》，杂志编辑人署名“鉴湖女侠”。10月23日，《白话》第二期问世，秋瑾刊发长文《敬告中国二万万女同胞》，提倡男女平等，抵制男尊女卑，抨击中国传统文化里那些贬低女性的“胡说”。同时，秋瑾亦提出了反对缠足，发展女学的观点。11月21日，《白话》出版第三期，又发表了秋瑾的《警告我同胞》和《告我同胞书》两文的上半部分。前者是秋瑾在横滨目睹日本百姓为军乐队送行时的感悟，她赞叹日本国民敬仰军队和军人之态度，希望借此敦促我国人改掉视兵勇为贱业的偏见；而在《告我同胞书》中，秋瑾更是旗帜鲜明地主张反对帝国主义和清政府。

警告我同胞

我于今有一大段感情，说与列位听听。我昨天到横滨去看朋友，在路上听见好热闹的军乐，又看见男男女女、老老小小都手执小国旗，像发狂一样，喊万岁。几千声，几万声，合成一声，嘈嘈杂杂，烟雾冲天。我不知做甚么事，有这等热闹。后来一打听，那晓得（是）送出征的军人，就同俄国争我们的东三省地方，到那里去打仗的。俄国，我们叫他做俄罗斯，日本叫做露西亚，这就叫征露的军人，所以日本人都以为荣耀，成群结队的来送他。最奇怪的就是我中国的商人，不知羞耻，也随着他们放爆竹，喊万岁。我见了又是羡慕，又是气愤，又是羞恼，又是惭愧：心中实在难过，不知要怎样才好，只觉得中国样样的事，色色的人，都不如他们。却好我也坐这次火车走的，一路同走，只见那送军人的人越聚越多，万岁，万岁，帝国万岁，陆海军万岁，闹个不清爽。到了停车场，拥挤得了不得。

那军人因为送他的人太多，却高站在长凳上，辞谢众人。送的人团团绕住，一层层的围了一个大圈子。一片人声、炮竹声夹杂，也辨别不清。只见许多人执小国旗，手舞足蹈，几多的高兴。直等到火车开了，众人才散。每到一个停车场，都有男女老幼、奏军乐的、举国旗的迎送。最可羡是那班小孩子，大的大、小的小，都站在路旁，举手的举手，喊万岁的喊万岁，你说看了可爱不可爱？真正令人羡慕死了。不晓得我中国何日才有这一日呢？

唉！列位，你看日本的人，这样齐心，把军人看得如此贵重，怎么叫他不舍死忘生去打仗呢？所以都怀了一个不怕死的心，以为我们如果不能得胜，回国就无脸去见众人。人人都存了这个念头，所以回回打仗都是拼命攻打，不避炮火。前头的死了，后头又上去。今日俄国这么大的国，被小小三岛的日本，打败到这个样子，大约就是这个缘故呢。并且当军人的家眷，都有恤费。这家人如有丈夫、儿子、兄弟出征，就算这家人家很荣耀的；若是做贸易人家，门前就挂了出征军人的牌子。各处旅馆、酒馆、照相馆及卖买各铺店，都大书特书的，写道“陆海军御用品”“军入优待半额”。明明是一百钱的东西，军人去买，只要半价。可怜我们中国的兵，每月得了克扣下来的几钱口粮，又要顾家，又要顾己，够得甚么呢？见了营官统领，就是老鼠见了猫的一样。当差稍不如意，就骂就打。有点声名的人，见了兵勇，把他当作是什么贱奴一样，坐都不愿意同他坐在一处。富贵的人家，自己尊得了不得，锦衣玉食，把自己看得同天神一样，把兵卒轻视得同甚么贱人都不如。及等得有战事起来，又要他去打仗，不管餐风宿露，忍饿受寒的辛苦，只叫他舍死忘生的去打仗，你说能够做得到做不到呢？纵然打了胜仗那些锦衣玉食的营官、统领来得功，兵的身子上并没有好处；而且那官并没有到过战场，不费丝毫力气，反占了功劳，得了保举，你说怎么叫人家心服呢！怪不得这些兵勇要贪生怕死，见了敌人，就溜烟跑了。中国如今一说起这些兵丁，都说是没有受过教育，所以如此。一提起我们中国人没有受过教育的害处，千言万语，我也叙不完，三天两日，我也说不尽。众同胞们不要性急，待我下回再仔细说给你们听听罢。

11月下旬，秋瑾入学仅3月余，她将曾经在服部繁子面前抱怨的有关实践女校的问题以写信的方式投诉给下田歌子，继而退学，搬出宿舍，改到本乡元町元日馆租住，同时仍回日语讲习所学习。在这段时间，秋瑾与留日学生如宋教仁、周树人、江亢虎、陈威、陈毅、欧阳予倩等交往更加频密。

宋教仁多次来其寓所促膝长谈，有关革命的目的和策略在秋瑾心中日益明晰起来。1905 年 1 月，她在陈毅家中偶遇来访的绍兴老乡陶成章，二人一见如故，而此次邂逅成为一年半后那场撼动中国的革命的发端。

1905 年 4 月，因实践女校的师范工艺速成科尚未开班，加之学资捉襟见肘，秋瑾决定临时回国省亲，并受下田歌子之托帮助学校招募中国学生。回国前夕，她第二次找到陶成章，终于征得他的同意，加入 1903 年 11 月成立于上海的光复会。由于入会需要两名推荐人首肯，她拿着陶成章给蔡元培和徐锡麟的手书，于 4 月初赶到上海爱国女校拜访了蔡校长，却十分可惜未能如愿。此后，秋瑾坐船去往南京，遍访诸友，终于在 4 月末才回到绍兴老家，见到了阔别已久的母亲，感到欢快异常。

夏历 5 月初，秋瑾又带着陶成章的推荐信，到绍兴西郭门外 15 里处的东圃镇“热诚学堂”拜会了“光汉子”徐锡麟和他的妻子王振汉，并应徐锡麟邀请短暂担任了万安桥附近明道女学堂的体操代课老师。在这期间，秋瑾还撰写了《实践女学校附属清国女子师范工艺速成科略章启事》，委托绍兴印刷局印刷发行，以此动员年轻女子赴日留学。6 月 28 日，带着母亲典当换来的 600 元钱，秋瑾经杭州赶赴上海，逗留半月有余。她在《女子世界》第二年第一号上公开发表了《致湖南第一女学堂书》，提出“自立、就学、团结”的口号，指出“强国”是女性追求自身解放的最终目的，并再度号召女性到日本留学。

十分凑巧的是，秋瑾在即将返日之前见到了归国的陶成章，她欣喜地递上徐锡麟的信笺和推荐函，有了二人的首肯，她终于如愿以偿地成为光复会会员。

因为运动女生留学的结果令秋瑾十分失望，加之学校催促，7 月 17 日，秋瑾冒着酷暑启程回日。为节省旅费，她女扮男装怀揣倭刀自卫，在东渡邮轮上乘坐三等舱，与贩夫走卒杂处一室。经过 6 天海上颠簸，7 月 23 日终于到达目的地，却因为旅途劳顿，心脏病病发，直到 8 月 5 日才到实践女校青山分校报到。

1905年8月20日，孙中山召集了兴中会、华兴会、光复会等革命团体，在东京成立了中国同盟会，辛亥革命从此开始了它的胎动。巧合的是，秋瑾日常居住和学习的实践女校分校正是位于赤坂区桧町十番地，与同盟会召开成立大会的地址日人坂本金弥家在同一条街。9月4日，秋瑾经宋教仁引荐，在神乐坂的黄兴寓所见到了仰慕已久的孙中山。当天下午，秋瑾在冯自由的引领下宣誓加入了同盟会。6日后，她又被推举为同盟会浙江分会的会长和评议部的评议员。自此，秋瑾已经变成肩负一省重任的革命党领导人，开始把自己的一切同中国民主革命事业自觉联系在一起。

1905年，面对中国大地此起彼伏的起义与反叛，江河日下的清政府使出“立宪”的花招，准备派遣载泽等5人赴欧美考察宪政。信奉暗杀主义的吴樾本打算在五大臣乘坐的火车上策划暗杀，无奈列车震动引发炸弹提前爆炸，两大臣受伤，吴樾当场遇难。自小就崇尚侠义精神的秋瑾对吴樾之牺牲扼腕叹息，于湖南同乡会出版的杂志《洞庭湖》上发表长诗《吊烈士吴樾》，并借此鼓励革命志士前赴后继。

昆仑一脉传骄子，二百余年汉声死。
低头异族胡衣冠，腥膻污人祖宗耻。
忽地西来送警钟，汉人聚哭昆仑东。
方知今日豚尾子，不是当年大汉风。
裂眦啮指争传檄，大叫同胞声激烈。
积耻从头速洗清，毋令黄胄终沦灭。
大江南北群相和，英雄争挽鲁阳戈。
卢梭文笔波兰血，拼把头颅换凯歌。
年年岁月驹驰隙，有汉光复总无策。
志士奋呼东海东，胡儿虎踞北京北。
名曰同胞意未同，徒劳流血叹无功。
提防家贼计何酷？愤起英雄出皖中。
皖中志士名吴樾，百炼刚肠如火热。
报仇直以酬祖宗，杀贼计先除羽翼。
爆裂同拼歼贼臣，男儿爱国已忘身。
可怜懵懵天竟瞽，致使英雄志未伸。
电传噩耗风潮耸，同志相顾皆色动。
打破从前奴隶关，惊回大地繁华梦。
死殉同胞剩血痕，我今痛哭为招魂。
前赴后继人应在，如君不愧轩辕孙！

同盟会成立后，风起云涌的革命形势使清政府倍感恐慌，于是要求日本政府驱逐在日学习的革命党人，并限制留学生的行动自由，故而日本文部省颁布了《关于公私立学校接纳清国留学生的规定》，亦即当时中国报纸所说的《中国留学生取缔规则》。11 月 26 日，日本各学校奉命张贴告示，限令中国学生上报自己的各项具体信息，逾期将对该生不利。布告犹如火上浇油，引发了留日学生全面的抵抗活动。12 月 3 日，8 所学校的学生代表集会商讨对策，但未能达成一致意见。次日，学生分裂为两派，秋瑾、陈天华等人组成敢死队，力促留日学生集体回国，情势愈加危急。12 月 5 日，300 多名学生在东京富士见楼集会，秋瑾前往慷慨陈词，激昂处痛哭流涕。最终，会议决定次日起全体罢课，并派遣纠察队到各校门前不惜以强力手段劝阻留学生前往上课。消息传到下田歌子处，未等她宣布将罢课学生除名，秋瑾等 17 名女学生已经坚决退学离校。

而彼时，日本的新闻媒体完全站在清廷一边，连篇累牍发文攻击中国留学生，甚至使用愚昧至极、不学无术、道德品质低劣等侮辱字眼。面对如此境地，陈天华极度悲愤，他留下《绝命书》一封，在12月8日投身东京大森海湾，壮烈自尽。噩耗传来，学生们聚集到留学生会馆，听宋教仁朗读《绝命书》，个个泪流满面悲痛欲绝，深受刺激的秋瑾更加主张全体学生立即回国。次日，陈天华追悼会召开，秋瑾发表演说，希望大家同心同德一致行动。说到激动处，她从靴筒中拔出自己的日本刀，对着不愿回国的官派留学生大声喝道："要走的走，要留的留。但若有人来日回到祖国，投降满虏，卖友求荣，欺压汉人，便吃我一刀！"

秋瑾因陈天华一事深受刺激，留下一首《感怀》，既表达了对陈天华的哀悼，又暗含自己弃学回国的决心。

莽莽神州叹陆沉，救时无计愧偷生。
抟沙有愿兴亡楚，博浪无锥击暴秦。
国破方知人种贱，义高不碍客囊贫。
经营恨未酬同志，把剑悲歌涕泪横。

12月14日，陈天华所在的湖南同乡会204名学生集体退学回国；17日，又有220名归国。这时，《中国留学生取缔规则》因遭遇强烈反对而停止施行，很多学生的情绪亦慢慢平复，渐次复课。但即便如此，刚烈决绝的秋瑾仍义无反顾地选择离开日本。她于25日从横滨登上开往上海的轮船，结束了自己为期一年的留学生涯。她带着那张身穿和服、手握利刃的肖像照，怀着满心的愁绪，回到了满目疮痍、危机深重的祖国。

万里乘风去复来，只身东海挟春雷。
忍看图画移颜色，肯使江山付劫灰。
浊酒不销忧国泪，救时应仗出群才。
拼将十万头颅血，须把乾坤力挽回。

船行至黄海时，秋瑾奋笔写下了这首《黄海舟中日人索句并见日俄战争地图》表达自己爱国图强的热血之心。自此之后，她便全心投入中国妇女的解放和民族复兴的革命事业，直至生命的最后一刻。

05 鼓吹女权：男女平权天赋就

回国后，秋瑾住在上海四川北路横滨桥。她与日本归来的同学商议，决定创办一所学校。大家推举同盟会的宁调元为代表，在短短一个月内就完成了筹集资金、租用教室、编排课程、组织师资的任务。1906 年 2 月，“中国公学”在吴淞口开学。

她给还留在日本忍辱求学的王时泽去信说：……盖君之志则在于忍辱以成其学，而吾则义不受辱以贻我祖国之羞；然诸君诚能忍辱以成其学者，则辱也甚暂，而不辱其常也。吾素负气，不能如君等所为，然吾甚望诸君之无忘国耻也。吾归国后，亦当尽力筹划，以期光复旧物，与君相见于中原。成败虽未可知，然苟留此未死之余生，则吾志不敢一日息也。……

志不敢一日息，光复之事不敢一日缓，正是秋瑾返国后的心态写照。

不久，秋瑾在曹家渡小万柳堂见到了久别的姐妹吴芝瑛。二人喝着绍兴酒，诉说着各自别后的境况。酒至微醺，秋瑾拿出随身佩带的日本刀边歌边舞她在日本时作词谱曲的《勉女权歌》：

吾辈爱自由，勉励自由一杯酒，男女平权天赋就，岂甘居牛后？

愿奋然自拔，一洗从前羞耻垢。若安作同俦，恢复江山劳素手。

旧习最堪羞，女子竟同牛马偶。曙光新放文明侯，独立占头筹。

愿奴隶根除，知识学问历练就。责任上肩头，国民女杰期无负。

2 月中旬，秋瑾身着和服回到了绍兴老家。几天后她改换男装，身着黑色立领上衣，外罩西服夹克，脑后是一条长辫，脚蹬皮鞋，手持一柄雨伞，来到了仓桥街蒋子良照相馆，留下了我们现在非常熟悉的那张男装影像，她还在照片后赋诗一首：

自题小照（男装）

俨然在望此何人，侠骨前生悔寄身。
过世形骸原是幻，未来景界却疑真。
相逢恨晚情应集，仰屋嗟时气益振。
他日见余旧时友，为言今已扫浮尘。

2月下旬，秋瑾在绍兴参加了陶成章组织的光复会领导成员会议。会上，秋瑾提议在绍兴成立学务公所，向广大青年宣传革命主张和救国方针，同时进行一些基本的军事训练。不久，陶成章将浙江分会的敖嘉熊和褚辅成介绍给秋瑾认识。根据陶成章的指示，秋瑾来到光复会浙江支部所在地嘉兴开展革命工作，并在褚辅成的帮助下来到浔溪女校任教。正是在这里，她结识了知交好友徐自华。徐自华此时正是该校校长，她与秋瑾一见如故，相见恨晚，不久便成为莫逆之交，而徐自华的妹妹徐蕴华后来也成了秋瑾的学生。

在浔溪女校，秋瑾担任的是日语、理科和卫生知识的教员。她十分关爱学生，希望她们能够学会文化知识、生产技艺，拥有独立谋生的本领。与此同时，她也积极地向师生宣传男女平权、兴办女学和女子爱国革命的主张。在秋瑾的影响下，徐自华，一位因丈夫早逝而哀怨命运的女子，很快觉悟起来，毅然决然加入民主革命者的行列，秋瑾就义后她还参加了光复上海的战役，并几十年如一日地宣传秋瑾的革命事迹。

回国之后，在披肝沥胆投身革命之余，秋瑾还肩负着另一使命，便是振兴女权，启蒙中国女性促其觉醒。甲午战后，随着国家民族危机加深，很多有识之士提出中国积弱之主要原因在于“一国之中有半数无用之民”，故此，有关女子不缠足与兴女学之呼声日高。庚子国变后，妇女运动亦随着革命浪潮之汹涌迎来了新的开端。秋瑾兼受中西男女平权思想影响，立志要以匡扶女界为己任，希望我国女子皆能受到欧风美雨之沐泽，冲破封建礼法之黑暗禁锢。台湾学者鲍家麟认为，秋瑾在领导推动妇女运动方面，始终有一种“使命感”，亦即“天降大任”于她的感觉；在这方面她有一种佛家普度众生的宗教热忱，常以先知先觉者自居，希望“施大法力”，“持一盏精灯，导无量众生尽登彼岸”。在未完稿的弹词小说《精卫石》中，她更把自己的化身黄鞠瑞描写成瑶池王母派来凡间扫除毒氛怨气的女界救星。

肝肠侠义的秋瑾的确有如救星一般。她总是不顾困难，竭尽所能去帮助那些受苦受难的姐妹。在浔溪任职期间，秋瑾解救了一名叫作吴珉的学生，她父母为还债将其卖给别人做了童养媳。秋瑾联想自己婚姻的痛苦，便想方设法凑钱将吴珉从其“公婆”那里赎了出来，让其跟在自己身边学习。这样的仗义出手绝非孤例。秋瑾疾恶如仇，素日最看不惯男人蓄妾的陋俗和嫖妓的淫性。早在留日期间，陈范因《苏报》案带着两位妾侍湘芬与信芳亡命横滨，她们与秋瑾有同乡之谊，秋瑾于是极力促其二人脱离陈范独立，并帮助她们募集学费，湘芬与信芳终得自立，而日后陈湘芬参与革命也是深受秋瑾之影响。陈范之女陈撷芬，虽是具有新思想新知识的留日学生，却要奉父命嫁给广东商人廖翼朋为妾，留学界闻之哗然。秋瑾为此召集全体女留学生举行大会，登台演说，言称逼女做妾乃是乱命，事关女同学全体名誉，严厉警告陈撷芬一定要取消婚约。最终撷芬如愿退婚，后自由恋爱，与四川人杨携喜结良缘。此外，1905 年秋瑾回国省亲时，曾带一蔡姓女子同行，概因其丈夫有外遇，将其抛弃不顾，秋瑾怜悯她的遭遇，便热心为她筹集了旅费和学费，帮助她进入了绍兴的手工学校。此外，徐自华《秋瑾轶事》一文亦记载，某次她与秋瑾同游上海张园，小憩品茗时，秋瑾见一名日本留学生挟一名雏妓乘车而来，轻狂放浪，秋瑾忍无可忍，立刻上前用日语狠狠地将其一番教训，终使那人灰溜溜地走了。徐自华静观这一幕，不由得打趣秋瑾“真煞风景”，秋瑾则爽爽脆脆地回答:“我如鲠在喉，不吐不快！”1906 年秋瑾在主持大通学堂期间，见有土豪逼婚之事，义愤填膺，她佩枪装作伴娘，在洞房内将土豪捆绑怒斥一番才与新娘离去，使无辜少女避免了一桩不幸婚姻。凡此种种侠义之举，确可堪称女界救星所为！

秋瑾在浔溪女校不辞劳苦的教学工作让她深

受学生爱戴，3 月间她甚至因为劳累过度而导致心脏病复发，多亏徐氏姐妹悉心照料才得以病愈。但她大胆的言行也遭到了地方顽固士绅的抵制，校董金子羽借口学生家长不满，散布谣言，说秋瑾是“穿着男人衣服到处浪荡的坏女人”，是“受到革命党蒙蔽的坏分子”，暗讽秋瑾逼其离去。两个月后，秋瑾无法在责难、中伤和排斥声中继续任职，便带着吴珉和徐蕴华到了上海。其间印度尼西亚的光复会会员陈华回国，希望秋瑾能到印度尼西亚兴办女学，后因陶成章鉴于国内革命稀缺人手而未能成行。

秋瑾回上海后，仍继续为妇女解放事业奔走。她有感于中国女界风气闭塞，智识浅陋，遂以“开通风气，提倡女学，联感情，结团体，并为他日创设中国妇人协会之基础”为宗旨，创办了《中国女报》，将争取女权与整个国家、民族的解放紧紧地联结起来。20 世纪初，中国公开发行的女子报刊很少，且只集中在上海、广州等大城市发行。就内容而言，要么是枯燥乏味的训教，要么是低级趣味的花边新闻，且大多报刊的文章还是以文言文写作的。在秋瑾看来，女子只有摆脱黑暗社会的桎梏才能换来光明和新生，而促使广大妇女觉醒的最佳方法就是通过书籍、杂志和报纸宣传。当时的女性识字的不多，很难找到适合她们的报刊，故而《中国女报》采用白话文，以口语为主，辅以浅显的文言，便于广大女性阅读。很快，秋瑾将《创办〈中国女报〉之草章及意旨广告》刊载于《中外日报》，一方面作广告宣传，一方面集股筹资：

一、本报之设，以开通风气，提倡女学，联感情，结团体，并为他日创设中国妇人协会之基础为宗旨。

二、本报内容，以论说、演坛、新闻、译编、调查、尺素、诗词、传记、小说为大纲。

三、本报以中外各国古今女杰之肖像及名景胜迹，有关于女学一者，按期印入首页，以供赏鉴。

四、本报以中外各学校之章程、情形、服饰等类调查，详细登录，以备采择。

五、本报以洋装精印，月出一册。

六、本报以文俗之笔墨并行，以便于不甚通

文理者，亦得浏览。

七、本报志在扩充普及女界之智识，另编译各种有益女界之书文、小说印行，以供购阅。

八、本报以从前有办报者，财力未充，遽行开办，往往有中止之弊，鄙人有鉴于此，欲募集股金万元为资本，先固基础，免有中止之虑。然如集有三四千金，即先行试办。

九、本报以所募万金为五百股，以廿元为一股，祈同胞协助。

十、本报开设沪上。执事除经理、撰述、调查、校对等员之外，又另设招待员一员。如有我同胞往东西洋游学，经过沪上者，及就学沪上者，人地生疏，殊多不便，当为尽一切招待之义务。

十一、本报除入股之外，如有热心志士，以资捐助，当推为名誉赞成员，与入股诸志士大名，同登诸报首；并按助资之多寡，敬赠书报。

十二、本报如有海内外同志以所著诗词、传记、小说及新闻等类见赠，当择优登录。

十三、本报章程草创，诸未完善，后当由入股诸同志会议改良。

十四、本报收股处现因未租房屋，暂假定中国公学会计部代收，掣付收条。

十五、本报以期达完善美满之目的，各执员需人正多，如入股诸君及海内外热心诸君愿担任事务员及撰述、访查诸员者，或义务，或延订，俱折函达为荷。

十六、收股处：虹口北四川路厚德里九十一号蠡城学社。

十七、本报第一期纸料太低，殊不雅观，因于第二期，不惜重资，特求精美纸料印刷，以图爽洽人意，售价仍旧。俟经费完足之后，必须更求改良，特此声明。

发起人秋瑾拜启

秋瑾本以为女界风气已开，自然不乏同志资助，岂料因为刊物内容仅与妇女问题有关，且当时识字的女性很少，所以购买股票者仅四五人，以至于杂志筹备工作都已完成之时，她仅仅筹得4000元，尚且无钱租房办公及购置印刷机器。在如此窘况之下，幸得徐自华姐妹鼎力相助，将开布料染店赚的 1500 元全部捐给了杂志。1907 年 1 月 14 日，我国第一份白话女性期刊《中国女报》终于面世，编辑部设在上海四川北路厚德里，陈伯平任编辑主任，徐蕴华任校对，而秋瑾本人则担当发行人和社长。在发刊词中，署名为“鉴湖女侠”的秋瑾抒发了自己关于两性平权的见解，痛陈中国女界之低落，希望借此刊物唤起全国妇女的醒悟和自觉。

“吾今欲结二万万大团结于一致，通全国女界声息于朝夕，为女界之总机关，使我女子生机活泼，精神奋发，绝尘而奔，以速进于大光明世界。为醒狮之前驱，为文明之先导，为迷津筏，为暗室灯，使我国女界中放一光明灿烂之异彩。使全球人种，惊心夺目，拍手而欢呼，无量愿力，请以此报创。”

此外，第一期还登载了秋瑾的另一篇文章《敬告姊妹们》，该文内容性质与发刊词雷同，秋瑾却用了非常口语化的文字，劝告千千万万如她过去一般在“金丝鸟笼”里生活着的姐妹，那貌似安富尊荣的生活，实际仍是奴隶的生活——这自然是她为了照顾那些识字不多的女性阅读而作，可谓用心良苦。

敬告姊妹们

我的最亲爱的诸位姊姊妹妹呀，我虽是个没有大学问的人，却是个最热心去爱国、爱同胞的人。如今中国不是说道有四万万同胞吗？但是那二万万男子，已渐渐进了文明新世界了，智识也长了，见闻也广了，学问也高了，身名是一日一日进了：这都亏得从前书报的功效呀。今日到了这地步，你说可羡不可羡呢？

所以人说书报是最容易开通人的智识的呢？唉！二万万的男子，是入了文明新世界，我的二万万女同胞，还依然黑暗，沉沦在十八层地狱，一层也不想爬上来。足儿缠得小小的，头儿梳得光光的，花儿、朵儿，扎的、镶的，戴着；缎儿、绸儿，滚的、盘的，穿着；粉儿白白、脂儿红红的搽抹着。一生只晓得依傍男子，穿的、吃的全靠着男子。身儿是柔柔顺顺的媚着，气虐儿是闷闷的受着；泪珠是常常的滴着，生活是巴巴结结的做着：一世的囚徒，半生的牛马。试问诸位姊妹，为人一世，曾受着些自由自在的幸福未曾呢？还有那安富尊荣、家资广有的女同胞，一呼百诺，奴仆成群，一出门，真个是前呼后拥，荣耀得了不得；在家时，颐指气使，威阔得了不得，自己以为我的命好，前生修到，竟靠着好丈夫，有此尊享的日子。外人也就啧啧称美，“某太太好命”“某太太好福气”“好荣耀”“好尊贵”的赞美。却不晓得他在家里何尝不是受气受苦的！这些花儿、朵儿，好比玉的锁、金的枷，那些绸缎好比锦的绳、绣的带，将你束缚的紧紧的。那些奴仆，直如牢头禁子看守着。那丈夫不必说，就是问官、狱吏了。凡百命令皆要听他一人喜怒了。试问这些富贵的太太奶奶，虽然安享，也没有一毫自主的权柄罢咧？总是男的占主人的位子，女的处了奴隶的地位，为着要依靠别人，自己没有一毫独立的性质。这个幽禁闺中的囚犯，也就自己都不觉得苦了。

诸位姊妹，天下这奴隶的名儿，是全球万国没有一个人肯受的，为什么我姊妹却受得恬不为辱呢？诸姊妹必说：“我们女子不能自己挣钱，又没有本事，一生荣辱，皆要靠之夫子，任受诸般苦恼，也就无可奈何！安之曰：‘命也’这句没志气的话了。”唉！但凡一个人，只怕自己没有志气，何尝不可求一个自立的基础，自活的艺业呢？如今女学堂也多了，女工艺也兴了，但学得科学工艺，做教习，开工厂，何尝不可自己养活自己吗？也不致坐食，累及父兄、夫子了。一来呢，可使家业兴隆。二来呢，可使男子敬重。洗了无能的名，收了自由的福。归来得家族的欢迎，在外有朋友的教益。夫妻携手同游，姊妹联袂而语。反目口角的事，都没有的。如再志趣高的，思想好的，或受高等的名誉，或为伟大的功业，中外称扬，举国敬慕。这样美丽文明的世界，你说好不好？难道我诸姊妹，真个安于牛马奴隶的生涯，不思自拔么？无非僻处深闺，不能知道外事，又没有书报，足以开化智识思想的。就是有个《女学报》，只出了三四期，就因事停止了。如今虽然有个《女子世界》，然而文法又太深了。我姊妹不懂文字又十居八九，若是粗浅的报，尚可如同白话一样念念。若太深了，简直不能明白呢。所以我办这个《中国女报》，就是有鉴于此。内中文字都是文俗并用的，以便姊妹的浏览，却也就算为同胞的一片苦心了。惟是凡办一个报，如经费多的，自然是好办。如没有钱，未免就有种种为难。所以前头想集万金股本（二十元作一股），租座房子，置个机器，印报编书，请撰述、编辑、执事各员，像像样样、长长久久的办一办。也不枉自《中国女报》为二万万女同胞生一生色。也算我们不落人后，自己也能立个基础，后来诸事要便利得多呢。就将章程登了《中外日报》，并将另印的章程，分送各女学堂，想诸位姊妹，必已有看过的了。然而日子是过得不少了，入股的除四五人外，连问都没有人问起。我们女界的情形，也就可想而知了，想起来实在令人痛心！我说到这里，泪也来了，心也痛了，笔也写不下去了。但这《中国女报》，就这样不办了吗？却又不忍使我最亲爱的姊妹，长埋在这样地狱中，只得勉强的凑点经费，和血和泪的做点报出来，供诸姊妹的赏阅。

今日虽然出了首册，下期再勉力的做去，但是经费很为难呢。天下凡百事，独立难成，众擎易举。如有热心的姊妹，肯来协助，则《中国女报》幸甚，中国女界幸甚。

秋瑾对《中国女报》倾注了巨大的精力，在

仅仅出版的两期上发表了多篇鼓励女权的文章，除上述稿件之外，还有《勉女权歌》《大魂篇》等，希望“为我女子辟大世界，为我祖国发大光明，为我世界编大历史”。值得一提的是，她还将其在日本共爱会时翻译的《看护学教程》未完稿悉数登载。秋瑾如此费神翻译此书，当因彼时护士是比较适合女子的职业，秋瑾提倡女性自立，便希望学习护理教程可帮助中国女性获得经济独立的机会。

《中国女报》只办了两期便因资金短绌而告停刊，说到这一点，秋瑾虽早已“泪也来了，心也痛了，笔也写不下去了”，但她在妇女运动方面的努力却未曾止步。秋瑾于宣扬妇女放足一事尤为在意，她一面躬身力行创办天足会，一面参与演说宣传，在各种报刊以白话文发表文章。

此外，她还利用江浙一带流行的、素为妇人们喜爱的弹词宣扬缠足的危害。说到弹词，早在日本时，秋瑾便以这种“姐妹们个个听得懂也喜欢听”的艺术形式开始着手写作自传体文学作品《精卫石》。之所以如此命名，当因秋瑾认为要争取妇女解放，必须有精卫填海那种坚韧不拔、百折不回

中國女報
第一期
丁未年正月十二日印刷

的勇气和毅力，若妇女们都能成为一块块精卫石，迫害妇女的“恨海”必会被填平。为了扩大影响、吸引听众，《精卫石》并未采用秋瑾熟悉的苏白方言，而是以北方普通话写就。在作品中，秋瑾用黄鞠瑞的名字影射自身，以她反抗包办婚姻、留学日本、投身民主革命的生命历程为主线，表现了旧时代女子的种种痛苦和不幸。在东京漫漫长夜里，写到动情处，秋瑾常常忍不住伏案痛哭。《精卫石》是一部未完成的作品，秋瑾原计划写二十回，终因革命事务繁忙只完成了前六回。即便如此，秋瑾已经在其中提出了她关于妇女运动的若干纲领以及她对男女平权的相关见解，不失为研究清末女权运动的重要史料。

可以说，秋瑾是中国封建社会两千年来系统提出争女权的第一人。她不仅振臂而呼，更加躬身力行；不仅豪气干云，也心细如发。她号召中国妇女“奋然自拔”，挣脱封建思想的束缚，勇于探求生命的价值和意义，与男性一起反清革命斗争中有所承担，为民族解放事业中建“素手”之功；她大力鼓吹兴办女子教育，希望女性可以掌握文化知识，不当坐食之人，不再依赖男子；她心系女性自立，把看护妇（护士）这一职业大力推介给国内妇女。身为女性，秋瑾时时在为中国女界谋翻身。她为中国妇女描绘了一幅新世界的美丽蓝图：女子经济独立，在家得到家族的欢迎，在外得到朋友的教益；夫妻间携手同游，姐妹们联袂而语……

在当时的历史背景下，秋瑾尚无法摆脱资产阶级民主革命者的思想局限性，她把中国妇女的解放寄托于以革命手段推翻清王朝，但她在有限的生命里，以身垂范，为中国的两性平权和妇女运动的发展树立了一个先觉者的典型。

06 投身革命：恢复江山劳素手

秋瑾回国后的一年内，主要精力虽放于妇女解放的事业上，但她始终没有忘记自己最重要的使命，是组织武装力量推翻清政权的昏聩统治。早在上海之时，她便与陈伯平、尹锐志、姚勇忱、张剑崖等年轻的光复会成员在上海虹口厚德里建立了秘密联络点蠡城学社。她将陈伯平介绍到中国公学当教员，方便进行各方面的联络工作。在此期间，秋瑾还秘密筹得1000元资助了化名日人高野、乘法国船来到上海的孙中山。1906年9月，为给在湖南起义的同盟会会员宁调元提供武器，秋瑾等人曾在秘密联络点内试制炸弹，结果由于设备简陋、操作人员不熟悉方法而导致炸弹意外爆炸，秋瑾、陈伯平因此受伤。响声惊动了巡警，由于搜查未有发现，所有人员幸运地没有被捕，但蠡城学社却因此被查封，上海的联络节点亦随之消失。

《中国女报》停办后，秋瑾动身返回浙江，开始着手起义工作。她在西湖南屏山下的白云庵见到了正要出发去安徽的徐锡麟。秋瑾接受了他的邀请，将自己的工作重点从文字宣传转移到从事武装斗争的组织上。她与徐锡麟初步约定分头行动策划浙皖起义，安徽方面由徐锡麟发动，而秋瑾全权掌管浙江，在上海公学任职的陈伯平则负责奔走两地居中串联。

1907年年初，秋瑾回到绍兴，接替徐锡麟担任大通学堂的督办。大通学堂全名“大通师范学堂”，1905年由徐锡麟、陶成章等趁清政府废科举、办学堂之机在徐锡麟的家乡绍兴创办，用以掩护革命活动，原址在东浦大通寺。由于徐锡麟守旧的父亲极力反对，便将校址改在了绍兴城内的豫仓，仍以“大通”为名。1905年9月23日，大通学堂正式开学，设国文、英文、日文、历史、政治、理化、算数、博物、体操等14门功课。此外，为使各地会党人员熟悉军事，学堂还特地附设一个为期半年的体育专修科，招收金华、处州、绍兴三地的会党骨干，课程仅有军事体操和其他军事知识，进行实弹演练等。大通学堂的学员，必须要加入光复会，即便毕业之后，也仍要接受学堂的管制，完成上级安排的任务。此外，创办大通学堂还有另外一个非常重要的目的。光复会成立后，蔡元培的堂弟蔡元康曾提议用抢劫钱庄的方法来筹集经费，这个观点得到了徐锡麟的赞同。为了安排学堂购置的兵器、招募的青年会员以及准备抢劫钱庄成功后有藏资之所，徐锡麟便想以办理学堂为名掩人耳目。后来，经陶成章劝说放弃了这个本末倒置的筹资办法，大通师范学堂就顺势成了浙江各地会党的联络点和浙江各地革命力量的中心，光复会的权力中心也从上海转移到这里。

1907 年 3 月 8 日，秋瑾正式上任，承担了以大通学堂为中心，组织浙江革命力量准备起义的重任。

3 月 23 日，学校举行了开学典礼。因为大通学堂是绍兴府认可的、允许拥有枪支弹药的征兵预备训练学校，实际上就是绍兴府立学校。所以秋瑾邀请了绍兴知府贵福、山阴县令李钟岳以及绍兴府教育会会长王佐等一并出席了开学典礼。和官府结交，不仅是秋瑾掩护革命、为起义准备争取便利的一种策略，还可以减少社会上一些流氓地痞对学堂工作的干扰。贵福在典礼的讲话中盛赞秋瑾，还向她赠送了一副手书对联：“竞争天演，雄冠地球”。这副对联被秋瑾贴在学校礼堂内部的左右立柱上，用以向外界昭示学校有官府撑腰。典礼结束后，贵福等还与全体人员一起合影留念。殊不知，4 个月后，正是这副对联与合影成为秋瑾在堂前牵连他为革命党同伙的依据，使他陷入极度窘迫和恐慌的境地。为了纪念学堂开学，秋瑾还挥笔写下“读书击剑”4 个草字，把它作为横额挂在学堂内的墙壁上。

3 月 26 日，大通学堂开始上课。学校动员所有学生参加了光复会，学生组织仿照陆军编制实行军事化管理，校外训练场设在距离学校数公里之遥的龙山南麓，学生要在此按照军事程式进行严格系统的步兵训练和实弹演习，其间辅以各类文化课程。

秋瑾每天都会来往于和畅堂住处和大通学堂之间。时人回忆说：

> 秋瑾是每天来校的，朝来晚归，她坐一只中号花浪船，两名船夫把她接来送去，她一上岸，一直踱进校长室或在教员室，她并不兼课。她的身材不高大，高鼻梁，时常梳一条辫子，着一件鱼肚白竹布长衫，脚虽缠过，但着一双黑色皮鞋，所以有人说她是男装到底的，但是头是不剃的。她自己起了一个别名叫竞雄，因为她愤激于当时男女不平权，她的装束也含有这种意义。

主持大通学堂后，秋瑾做的第一件事便是整顿学堂规制，加强内部团结，改变了徐锡麟、陶成章等创办人赴日留学后学堂群龙无首、纪律松弛，学员们内部相互倾轧的涣散状态。接着，她于农历正月下旬和三月初，两次风尘仆仆赶到浙江其他地区联络会党，先后动员和组织了 100 多名青年骨干到绍兴，安排他们在城内“诸暨册局”另设的体育会以及大通学堂附设的体育专修科训练，这些人后来都成为武装起义的初级干部力量。秋瑾此后还为革命多次奔走联络会党，某次时值深秋，她身披黑色羊毛围巾，冒着风雨，写就《秋风曲》以纪念。

秋风起兮百草黄，秋风之性劲且刚，
能使群花皆缩首，助他秋菊傲秋霜。
秋菊枝枝本黄种，重楼叠瓣风云涌。
秋月如镜照江明，一派清波敢摇动？
昨夜风风雨雨秋，秋霜秋露尽含愁。
青青有叶畏摇落，胡鸟悲鸣绕树头。
自是秋来最萧瑟，汉塞唐关秋思发。
塞外秋高马正肥，将军怒索黄金甲。
金甲披来战胡狗，胡奴百万回头走。
将军大笑呼汉儿，痛饮黄龙自由酒。

秋瑾为革命鞠躬尽瘁不辞辛苦，她希望通过努力能够拯救自己的同胞，她的诗词《同胞苦》虽文采未见十分斐然，但词锋尖锐，直接把矛头指向腐败无能的清政府，毫不留情地指责朝廷丧权辱国，丝毫没有知识分子“避席畏闻文字狱”的意思。

同胞苦

同胞苦，同胞之苦苦如苦黄连。压力千钧难自便，鬼泣神号实堪怜。吁嗟乎！地方虐政猛如虎，何日复见太平年？厘卡遍地如林立，巡丁司事亿万千。凶如豺狼毒如蛇，一见财物口流涎。我今必必必兴师，扫荡毒雾见青天。手提白刃觅民贼，舍身救民是圣贤。

同胞苦，同胞之苦苦如苦黄连。暴政四播逞奸蠹，民贼相继民呜咽。庚子创祸一二臣，今日同胞受熬煎。赔款四百五十兆，竭我膏脂以付钱。我今必必必兴师，扫荡毒雾见青天。手提白刃觅民贼，舍身救民是圣贤。

同胞苦，同胞之苦苦如苦黄连。鞭笞同胞同犬马，民贼自待若神仙。烟膏有捐酒有捐，房捐铺捐无不全。袜履之微皆取捐，一草一木不宽便。我今必必必兴师，扫荡毒雾见青天。

同胞苦，同胞之苦苦如苦黄连。苛敛一倍复数倍，托名赔款自私焉。吁嗟乎！天日惨淡冤气塞，此罪此恶难洗湔。愿我同胞振精神，勿勿勿勿再醉眠。我今必必必兴师，扫荡毒雾见青天。

除上述举措外，秋瑾还致力于扩充大通学堂的学生人数。学堂开学不到一月，她就在《绍兴白话报》第 131 期上登出招收第二批学生的广告，年龄范围从虚岁 18 岁到 30 岁。此外，秋瑾还秘密安排在临海县按照大通学堂的规制创办了耀梓学堂作为大通学堂之“援应”。从大通学堂毕业的两届体育专修科学生，对外称“国民军”，因骁勇善战而得到社会各界的一致好评。于是她决意打破传统旧习，编练一支女子国民军。这可谓秋瑾号召妇女投身革命，把妇女解放与社会解放相结合的勇敢尝试。无奈招生并不成功，因为当地绅、学两界保守者的反对，极少有女子前来报名，这也成为秋瑾生前的一大憾事。

秋瑾自接办大通学堂后，办学经费捉襟见肘。从第二期开始，运行经费皆有同人筹集才得以勉强维持。学堂内所有教员几乎都是义务授课，即便拿薪资之人，也以20元为上限。学校伙食因为资金问题也非常寡淡，但秋瑾从不叫苦，每日三餐都与学生同吃，却用仅有的经费给学生添置训练器材。除了一应俱全的军事设备、枪支弹药外，还配备了天桥、平台、铁杆、木马、秋千、铁环等体育训练设施。为了经费，秋瑾典当了自己所有值钱的东西。后来万般无奈，在去湖南筹款时回到王家，以办学为名，硬着头皮向公公王黼臣索要数千金。王家以为她穷途末路，回心转意，于是给了秋瑾三千大洋，希望她能与王廷钧破镜重圆。此后王黼臣对秋瑾暗中监视，不让她再次出走。不日后，秋瑾借口外出看戏，从后门溜出，沿湘江乘船而去。此次湘潭之行，便是她与王家的诀别，她与王廷钧再未相见。后秋瑾就义两年有余，王廷钧也一病不起，不久便离世而去。史料记载："秋瑾死后，王廷钧遭大故，奉汤药数月，哀伤过度，体渐消瘦……病延两载，遂不起，年三十，葬潭邑三都四甲叶子塘巳山亥向。"这是后话。

秋瑾不仅以大通学堂为据点加紧扩充和训练

学员，还不辞辛苦以办学为名往浙东各地联络会党，又积极沟通军界与学界，多次到杭州在驻杭新军和武备学堂、弁目学堂中做教育和联络工作。1906年年底在杭州逗留时，秋瑾曾与挚友徐自华同游西湖。她们登上凤凰山，凭吊南宋的故宫遗址，查看杭州全景，将城厢、街道、路口和地形绘成地图，以便起事时能顺利进攻和占领要地。秋瑾还与徐自华同去祭拜南宋抗金名将岳飞的墓冢，歌《满江红》词，泪随声下，久久徘徊不去。她与徐自华在此订立了“埋骨西泠”之约，希望若自己在革命中殒身，死后可以葬在西湖之畔。

秋瑾的装扮和所作所为在民风保守的绍兴引得顽固士绅恶评连连，他们聚集在一起对秋瑾发难，并以徐锡麟的父亲徐鸣凰为最大反派。其间，还有个劣绅以“宗阿八”的名义在墙上张贴标语，污蔑“大通学堂是贼匪的巢穴”，学生代表告到知府衙门，贵福并未受理，相反斥责学生过于不安分。彼时，驻守杭州的巡抚张曾敭已经听到有关大通学堂的传闻，立即派人前去搜查，幸得光复会内线及时通知提前转移了与革命相关的物资文件才暂时逃脱。但经此事后，官府对大通学堂以及秋瑾与徐锡麟的身份更加怀疑，开始对其进行严密监视。武装起义愈发迫在眉睫。

1906年12月，同盟会各处起义失败、会员殉难的消息不断传来，秋瑾本就悲叹不已，母亲单氏又于12月29日在和畅堂家中病逝。痛不欲生的秋瑾从家中匆匆奔丧归来，便忍住打击着手编排各种革命力量。经过半年艰苦卓绝的努力，她已在会党、新军、学堂各处吸收光复会会员600余人，极大扩充了浙江的革命力量。

1907年5月，秋瑾将各地革命力量编为8个军，称“光复军”，以徐锡麟为大将，秋瑾为副将。为形成统一的军事组织，秋瑾开始着手拟定“光复军制”。用“光复汉族，大振国权”8字为八军记号，又将服制、旗帜、铃记、令牌、文书等用暗码详细规定如下：

光复军军制稿

军职等级分八军，用“光复汉族，大振国权”8字以编制之。

统带光字军大将

统带光字军副将

行军参谋

行军副参谋

光字中军

光字左军

光字右军

光字中佐

光字左佐

光字右佐

光字中尉

光字左尉

光字右尉

复、汉、族、大、振、国、权同上

服制

衣短衫，对襟，黑色。

包头布，白色。

兵士（白月中大书光字，余类此）。

肩章（白月中书左、右、中字样，并书号码）。

自大将以至佐尉等皆用胸带（如西洋悬挂宝星之斜胸带），以颜色分别等差：黄色为首，白次之，红又次之，浅蓝又次之。

旗

用白色，中大书黑色“汉”字。

顺旗

小三角形内书“复汉”二字，黄地黑字，并盖图印。

钤记

长方形，暂用木。

令

用什牌计八支，面写“光复”等八字之合同（两支合写），一支由统带执守，一支由本营执守，以证传令者之真伪。

文书

用暗码（紧要事）。照电码加五十号，以防泄漏。

秋瑾又将干部分为16级，铸金指环，上面刻有一字，以之为干部代号，文字为一首七绝：

黄河源溯浙江潮，卫我中华汉族豪。
莫使满胡留片甲，轩辕神胄是天骄。

如“黄”字为首领，推徐锡麟任之；“河”字为协领，推秋瑾任之；“源”字为分统，推王金发、竺绍康、张恭、吕熊祥分任；“溯”字为参谋，亦是洪门会党人物数人分任。自分统以下，一职数人，故在“源”字旁另加A、B、C、D等英文字母，故有“源A”“源B”“源C”“源D”刻于金指环。据秋宗章之回忆，当时秋瑾小指亦戴有这样一枚金指环，而她就义之后，不知流落何处。

与此同时，秋瑾与徐锡麟商定由浙皖配合同时发动起义，先夺两省要地，之后合取南京。她顶住复杂的参与分子自私牟利的压力，以办学为名，在和畅堂西面客厅召集各方代表商议军机，最终拟定了发动起义的具体计划和日期：

定于7月6日（农历五月二十六）先由金华府发兵，处州府响应，等到杭州清军前往镇压、省城空虚后，立即从绍兴派出革命军，渡过钱塘江袭击杭州，而驻杭武备学堂、弁目学堂的革命党人，则从内部响应，里应外合，一举拿下杭州。如果行动不成功，起义军则立即返回绍兴，经金华府、处州府而出江西，到安徽与徐锡麟的力量汇合。

此外，秋瑾还亲自写就《光复军起义檄稿》《普告同胞檄稿》等文章，行文言辞犀利，雷霆万钧，用以起义后四处张贴，影响民心。在目睹祖国陆沉之后，秋瑾没有悲观无助，而是“起而行之”，她总是利用各种机会，以诗歌、小说、演讲、书信等形式，劝导身边亲朋拿出振作有为的态度，共同拯救国家于危亡。

光复军起义檄稿

芸芸众生，孰不爱生？爱生之极，进而爱群。盖种族之不保，则个人随亡，此固大义了然，毋庸多赘者也。然试叩我同胞以“今为何时”？则莫不曰“种族存亡之枢纽”也。再进而叩以“何以可以免此存亡之问题”？则又瞠然莫对；否即以“政治改革”为极端之进化矣。嗟夫！欧风美雨，咄咄逼人，推原祸始，是谁之咎？虽灭满奴之族，亦不足以蔽其辜矣！

夫汉族沉沦二百有余年，婢膝奴颜，胁肩他人之宇下，有土地而自不知守，有财赋而自不知用，戴丑夷以为主，而自奴之。彼国傥来之物，初何爱于我辈？所何堪者，我父老子弟耳，生于斯，居于斯，聚族而安处，一旦者瓜分实见，彼即退处藩服之列，固犹胜始起牧之族，奈何我父老子弟乃听之而不问也？年来防家贼之计算，着着进步，美其词曰“立宪”，而杀戮之报，不绝于书；大其题曰“集权”，而汉人失势，满族枭张。呜呼！人非木石，孰不爱生而爱群？逼于不获已，则只能守一族之利益矣。彼既弃我种族置之不问之列，则返报之道，亦所当为，奈何我父老子弟见之不早也？

某等菲薄，不敢自居先知，然而当仁不让，固亦尝以此自励。今时劫阽危，实确见其有不容已者，为是大举报复，先以雪我二百余年汉族奴隶之耻，后以启我二兆方里天府之新帝国。宗旨务光明而不涉于暧昧，行事务单简而不蹈于琐细。幸叨黄帝祖宗之灵，得以光复旧业，与众更始。所有遣派之兵马，晓谕如左。是我汉族，自当共表同情也。

《光复军起义檄稿》是秋瑾为皖、浙起义写就的革命文告，主旨为救亡图存与保国保种，也表达了辛亥前激荡的排满情绪，这在秋瑾另一文《失题》中也有鲜明体现。

华为谁？爱为谁？爱与华何关系？何交涉？爱与华何如此情重？华何以暮至？何以被害？行凶者何人？被害者之生命终如何？爱与华二人之历史究如何？前回何有此无头脑之奇闻？不解！真不解！闷闷闷！

诸君且无躁，吾语汝。当华国大革命之际，全国人心如火山之焰，如大江之渐，其势不至于溃裂不止。险！险！

中流砥柱，力挽狂澜，具大才，立大业，拯斯民于衽席，奠国运如磐石，非大英雄无以任之。大英雄者何？非他，即年方二二（单数）貌如冠玉，有铁石肠、山斗名，具儿女情、慈悲志，且视功名如尘土，重教育以普及之黄（姓）华（名）者是！

噫！奇！大英雄！大英雄出于血气未定之少年！大英雄成于痴钟爱情之美子！世无忠爱两全之事业，而今竟全。吾不信！吾不信有此快事！

为了揭露清政府“预备立宪”的骗局以及腐败无能、祸国殃民的罪行，秋瑾在《普告同胞檄稿》中大声疾呼，呼吁民众睁眼看看这个垂死的政权，也看看中华民族“燕处危巢”的可怕局势。

普告同胞檄稿

嗟夫！我父老子弟，其亦知今日之时势，为如何之时势乎？其亦知今日之时势，有不容不革命者乎？欧风美雨，澎湃逼人，满贼汉奸，网罗交至，我同胞处于四面楚歌声里犹不自知，此某等为大义之故，不得不恺切劝谕者也。夫鱼游釜底，燕处焚巢，旦夕偷生，不自知其濒于危殆，我同胞其何以异是耶？财政则婪索无厌，虽负尽纳税义务，而不与人以参政之权；民生则道路流离，而彼方升平歌舞。侈言立宪，而专制乃得实行；名为集权；则汉人尽遭剥削南北兵权，既纯操于满奴之手，天下财赋，又欲集之一隅。练兵也，加赋也，种种剥夺，括以一言，制我汉族之死命而已。夫闭关之世，犹不容有一族偏枯之弊，况四邻逼处，彼乃举其防家贼、媚异族之手段，送我大好河山？嗟夫！我父老子弟，盍亦一念祖宗基业之艰难、子孙立足之无所，而深思于满奴之政策耶？

某等眷怀祖国之前程，默察天下之大势，知有不容已于革命，用是张我旗鼓，歼彼丑奴，为天下创。义旗指处，是我汉族，应表同情也。

起义前夕，秋瑾不得不为购买必需的武器千方百计筹集资金，她扮成男装赴崇福找徐自华姐妹相商，得倾囊相助，赠送各类首饰值黄金 30 余两。秋瑾感动不已，脱下腕上双龙翠钏，说“事之成败未可知，姑留此以为纪念”。临行前，秋瑾又再次提醒徐自华，若其事败被捕遇害，莫忘“埋骨西泠”之约。至此，秋瑾已做好所有准备要为其理想和信仰死难不悔。

6月24日，秋瑾回到大通学堂，决定提前放暑假，让学生分头到各处通知起义计划，准备举事。未曾料到武义党人聂李唐在此期间却因保密不周，导致消息泄露，谣传有快枪两千自绍兴运来藏于聂家。县令钱宝镕闻讯亲自领兵赴聂家搜索，虽未见枪械，却带走党人名簿数册。武义党人刘耀勋、聂李唐等因此殉难，不日金华党人倪金、徐顺达亦死难，革命变得岌岌可危。6月底，秋瑾在上海找到从安庆来为徐锡麟印刷起义文告、购置武器的陈伯平，除告之起义大计外，并提醒“危机已露”。徐锡麟自赴安徽后，几经调任，后由安徽巡抚恩铭提携担任安徽巡警学堂会办兼巡警处会办，掌握安徽全省的巡警、治安大权。他利用职务之便，秘密发展了一批革命力量。在得知秋瑾的起义计划之前，他“光汉子”的化名便因为叛徒的出卖而暴露。为防自己的身份被识破，在获悉秋瑾的安排后，他通知安庆的革命力量，决定在7月8日利用巡警学堂举行毕业典礼之际，邀请省内大员参加，趁机将其一网打尽。未想到恩铭却因事临时要求将典礼提前两天，即与秋瑾浙江的起义同期举行，徐锡麟无奈，只能在还未通知各股革命力量的情况下，仅仅利用巡警学堂内部的革命党人独自起义。

7月6日上午8点，毕业典礼准时举行。徐锡麟率学堂教员站在台前，陈伯平、马宗汉站在他身侧。学生开始鞠躬行礼之时，徐锡麟等突然发难，礼堂内顿时乱作一团。徐锡麟在混乱中向恩铭射了7枪，但因为高度近视，7枪均未打中要害，后陈伯平在恩铭即将被人救走之时追上又补了一枪，方使其毙命。徐锡麟高举大刀大声激励学生继续战斗，但因其绍兴口音浓重，大家很难听懂，待占领安庆军械所时跟随他的200余名学生死的死、逃的逃，只剩下30多人。与此同时，新任巡抚冯煦派兵将军械所团团围住，密不透风，徐锡麟无法派人突围寻求增援，在鏖战了4个多小时、消灭了100余名清军后，全体被捕。当日，徐锡麟就被清政府以极其残酷的方式杀害，安庆起义悲壮收场。辛亥后，孙中山曾向徐锡麟提挽联以示哀悼："丹心一点祭余肉，白骨三年死后香"。

武义和金华的起义计划被清军发觉失败后，光复军永康分统决定另行采取行动，却因敌我力量悬殊也遭遇了惨败。此后几天，其他各地光复军又因奸细蒋继云的出卖接连受到严重摧残。未及7月6日，主要起义分支力量各干部几乎全部遇难，秋瑾只好顶着重重压力和困难，将起义日期重新确定为7月19日。但她所不知道的是，徐锡麟被捕后，其提包中的一些秋瑾所写的诗词与文章被搜到，包括《金缕曲》等，这就构成了株连秋瑾的一个证据。徐锡麟遇难次日，绍兴知府贵福便获密告谓大通学堂革命党秋瑾及吕凤樵、竺绍康等在筹谋起事。他立即赴杭面禀了浙江巡抚张曾敭。紧接着，徐锡麟的弟弟徐伟在江西九江被捕，供出自己的嫂嫂与秋瑾主持革命一事。张曾敭综合了所有的线索和迹象，确定了大通学堂正是浙江革命力量的中枢所在，当即决定增兵绍兴，捉拿秋瑾，镇压革命。

07 慷慨就义：死生一事赴鸿毛

有关安庆起义的报道，7 月 8 日传到了上海，秋瑾的好友，彼时在上海师范大学任职的王壁华，担心此事波及秋瑾，便及时托朋友在法租界为秋瑾安排了秘密住处，同时派学生胡踵秋赶赴绍兴力劝秋瑾前来避难。而安庆起义失败的消息，秋瑾 7 月 10 日才从报纸上得知，继而听闻徐锡麟惨遭剖心，不由悲愤至极，在室内痛哭整日不发一语，未曾进食也没有下达任何指令。此时来到绍兴的胡踵秋并没有成功劝得秋瑾离开，她毫不犹豫地拒绝说：

我怕死就不会出来革命，革命要流血才会成

功。如满奴能将我绑赴断头台，革命成功至少可以提早五年，牺牲我一人，可以减少后来千百人的牺牲，不是我革命失败，而是我革命成功。我决不离开绍兴，愿与男女两校共存亡。你回去同我们妇女同志说，要求男女平权，首先要做到男女平等的义务。我不入地狱，谁入地狱？

此时的秋瑾非常清楚，清军能够前来“围剿”大通学堂必然是事先得知了消息，但起义最重要的是出其不意，革命已经错过了最佳时机，目前自身的力量还不足以与清军展开正面较量，如果强行率众起事，必将损兵折将、伤亡惨重，革命亦不会成功。于是，为了保存浙江义军的革命实力，留下革命火种，她遣散众人，毅然留守。

“拼将十万头颅血，须把乾坤力挽回”是秋瑾一直以来的信仰，她决心和那些被清廷残害的同志一样，为自己的理想慷慨赴死，以唤醒民众认清中国之现状，日后可以有更多的人奋起革命。她将家中收藏的有关光复军和起义相关的秘密册籍、传单以及与光复会的往来信函，托她从浔溪女校带来的学生吴珉带走销毁，并将一首《致徐小淑绝命词》寄给在上海爱国女校学习的徐蕴华：

痛同胞之醉梦犹昏，悲祖国之陆沉谁挽。
日暮穷途，徒下新亭之泪；
残山剩水，谁招志士之魂？
不须三尺孤坟，中国已无干净土；
好持一杯鲁酒，他年共唱摆仑歌。
虽死犹生，牺牲尽我责任；
即此永别，风潮取彼头颅。
壮志犹虚，雄心未渝，中原回首肠堪断！

7 月 11 日，清政府从杭州派遣新兵 300 多人赴绍兴抓捕秋瑾，并搜查大通学堂所藏枪支弹药及有关革命的材料。因担心新军中有人暗通革命党，临行前对所有官兵进行了搜身检查，以致引发了小规模骚乱。附近的武备学堂学生得知风声，便立即赶去绍兴报告了秋瑾。7 月 12 日，秋瑾收到消息，仍未考虑脱身，甚至没有顾及自身的安危。她沉着指挥学生鄢发等人将大通学堂所有枪支弹药全部藏匿，以备日后交付光复军反清之用，继而命令学生各自分散隐蔽。

7 月 13 日下午 4 时左右，杭州新军在绍兴知府贵福、山阴知县李钟岳及会稽知县李端年、管带徐方诏、新军标统李益智等人的带领下，将大通学堂团团围住。危急关头，学生最后一次劝说秋瑾逃离，她仍不为所动，反而命令学生和办事人员尽速离开。最终，大通学堂内只剩教员程毅与几位革命信念坚定的学员和秋瑾一同留守，他们抱定必死的决心，要与敌人周旋到底。因为枪支弹药已被隐藏，此时只有秋瑾随身带枪，但她并未准备使用武器。不久，清军从大通学堂前门攻入，逮捕了秋瑾和程毅等 6 人，其手枪和部分革命文告、诗词手稿也尽被搜去。

秋瑾被抓捕到绍兴府衙后，当晚即被提审。知府贵福斥令秋瑾招供革命党的名单、活动和其他相关情况。秋瑾临危不惧，镇定自若地回答贵福："文稿是我所作，日记、信笺也是我所写，革命党之事，不必多问！"当贵福追问赵卓、竺绍康、王金发等其他革命党人身在何处时，秋瑾一概回答

“不知道”。为迫使秋瑾屈服，贵福命人施加酷刑，秋瑾仍牙关紧咬不吐一字，大义凛然道：“我死都不怕，要杀便杀！”

贵福见硬逼不行，只好改变策略，询问秋瑾是否与徐锡麟相识，对此，秋瑾供认不讳。在贵福进一步追问其同党时，秋瑾突然面带微笑，答曰：“贵福大老爷，大通学堂开学典礼时，你受邀参加，还当场给我写了一副‘竞争世界，雄冠地球’的对联，至今还挂在大通学堂的墙上，此事众人皆知。你还在学堂与教员、学生一同合影，这些都是最好的证据。你就是我的朋友和同志。大通学堂开办以来，诸多计划都是与你商量的，这些还要详细说吗？贵福同志！”如此回答让贵福大惊失色，只好狼狈宣布退堂，将秋瑾关进山阴县监狱。

在阴冷的牢房内，秋瑾内心充满愤恨与不甘。她费尽心力才得以留学日本，不辞辛苦学习近代知识和先进思想，广交仁人志士，参与社会团体，多次进行社会演讲，宣传自由、民主和男女平权，回国后办报纸、兴教育，为挽救民族危亡多方奔走。可如今，出师未捷、寸功未建便身陷囹圄，怎不让人扼腕叹息。秋瑾百感交集，在牢狱墙壁上赋诗一首，题名《感怀》：

莽莽神州叹陆沉，救时无计愧偷生。
抟沙有愿兴亡楚，博浪无椎击暴秦。
国破方知人种贱，义高不碍客囊贫。
经营恨未酬同志，把剑悲歌涕泪横。

面对如今的境遇，秋瑾深深自责，心情异常沉痛与不甘，她叹息自己对起义过程考虑不够周全，以致走漏风声，使革命救国之举徒劳无功。

贵福十分害怕秋瑾当着众人之面再喊他“贵福同志”，便将这一令人头疼的审讯任务交给山阴知县李钟岳。李钟岳素来同情革命党，并一直对秋瑾由衷钦佩，其子读书练字时也常习秋瑾的诗词，故而在审讯过程中，李钟岳不仅未对秋瑾用刑，反而礼遇有加。此举被贵福得知后，他立即将李钟岳免职，改派自己的幕僚余某继续严加审讯。经过酷刑拷打和威逼利诱，秋瑾被报仍“坚不吐供”，只在纸上写下了“秋风秋雨愁煞人”7 字。此句来自

清代诗人陶澹人的《秋暮遣怀》:

篱前黄菊未开花，寂寞清樽冷怀抱。

秋风秋雨愁煞人，寒宵独坐心如捣。

彼时虽是农历六月，但于秋瑾而言，国家无处不透露着秋暮的凋零、肃杀之感，而她亦将赴死，岂非让人感到若秋寒般凄冷？1916 年 8 月下旬，孙中山与宋庆龄游杭州时曾赴秋瑾墓凭吊，说到秋瑾的七字绝笔，孙中山道:“光复以前，浙人之首先入同盟会者秋女士也。今秋女士不再生，而‘秋风秋雨愁煞人’之句，则传诵不忘。今日又风雨凄凄。得勿犹有令人愁煞者，抑亦秋女士之灵爽未昧耶。”

贵福担心秋瑾手下众多的革命志士会趁机聚众起事而影响他的顶戴花翎，在费尽手段毫无所获后，他命人编造了秋瑾供词，逼迫她画押，按上指印结案。与此同时，贵福向浙江巡抚张曾敭致电请旨，声称秋瑾为徐锡麟同党，证据确凿，余党程毅等人亦承认受秋瑾领导，但起义之期未定，因担心其他革命党人聚众谋事，恳请先将秋瑾就地正法，余匪审出实情后，再行电禀。对此，张曾敭复电称：“秋瑾即行正法，速严审程毅等。”贵福收到允准，当即敕令由山阴县令李钟岳监斩。

1907年7月15日（清光绪三十三年六月初六）凌晨，李钟岳奉命到监狱提人。赴难前，秋瑾向他提出3个要求：第一，请作书别亲友；第二，临刑前不能脱衣带；第三，死后不枭首示众。因时间所限，李钟岳答应了她后两条。此外，秋瑾又请求道：“我被捕后，室内所藏的三百银元及一千元角子，都被兵差搜去，请务必追回，替我送入平粜局，算是我对黎民百姓的最后一点贡献。”得到李钟岳的应允后，秋瑾跨出牢房，从容走向刑场。

《申报》如此描述秋瑾遇害的情景：女士身穿白色汗衫，外穿元色生纱衫裤，脚穿皮鞋，钉有铁镣，两手反缚，由山阴县署至轩亭口，一路有兵防护。

天色未亮，刑场周围已经聚集了大量民众，他们不清楚秋瑾所从何业、所犯何罪，隐约了解的只有她的革命党身份，但亦未因此对她多有几分同情。这便是封建社会中国人的劣根性，麻木不仁、愚弱无知。鲁迅在后来的小说《药》中，以革命党夏瑜之名隐喻秋瑾，烈士之血甚至被愚昧民众拿来当作医治痨病的稀奇药引，需要提早向刽子手预订，这不能不说是一种极大的悲哀与讽刺。

当然，秋瑾当时并未洞悉此点，她甚至抱着强烈的革命诉求，盼望能以死唤醒国人，用鲜血刺激每一个有志之士的神经，让最无情之人亦恻隐，让有良知之人皆愤慨。她希望激发平民百姓的爱国热情，使之不再醉生梦死、苟延残喘，而能团结一致推翻腐败无能的清廷，拯救国族于危难。所以，她愿意做“中国女界为革命牺牲之第一人”，甘心“以血溅轩辕”，为自己的革命理想和救国大业献出年轻的生命。正如秋瑾在回国之初给湖南志士王时泽的信中所写：“吾自庚子以来，已置吾生命于不顾，即不获成功而死，亦吾所不悔也。且光复之事，不可一日缓，而男子之死于谋光复者则自唐才常以后，若沈荩、史坚如、吴樾诸君子，不乏其人，而女子则无闻焉，亦吾女界之羞也。愿与诸君交勉之。”显然，秋瑾自回国开始，就抱定了为革

命献身的态度和立场。其对理想的炽热程度丝毫不逊色于为改革流血牺牲的谭嗣同。她杀身成仁，以如此壮烈的方式成全了自己一直秉持的救国理念与政治目标。

1908年2月，秋瑾被葬于西泠桥畔，生前好友吴芝瑛亲书墓碑“鉴湖女侠秋瑾之墓”，而徐自华手撰的“鉴湖女侠秋君墓表”，可谓对秋瑾一生的鲜明概括。

君讳瑾，字璿卿，又字竞雄，自号鉴湖女侠，越之山阴人也。家世仕宦。少长闽中，复随父湖湘，适湘乡王氏。平生亢爽明快，意气自雄，读书敏悟，为文章奇警雄健如其人，尤好剑侠传，慕朱家郭解为人。丰貌英美，娴于辞令；高谭雄辩，惊其座人。自以与时多迕，居常辄逃于酒。然沉酣以往，不觉悲歌击节，拂剑起舞，气复壮甚。所夫固纨绔子，至是不相能。

值庚子变乱，时事益亟。君居京师，见之，独慨然太息曰：“人生处世，当匡济艰危，以吐抱负，宁能米盐琐屑终其身乎？”洎甲辰夏，乃东渡海赴日本肄业。稍暇，与其同志重兴共爱会，而己为之长。誉日鹊起。东国留学慕君者众，每际大会，辄以君一得临莅为荣。而君亦负奇磊落，往会，则抠衣登坛，多所陈说，其词悲感激切，荡人心魂。人之闻者，未尝不泣数行下，而襟袖为之渍也。又好节己费以助人学，从之游者莫不叹服。

居东二载，而取缔事起，学子骚然，君以外权之横，不忍独留，亦导同志拂衣归。归益引女学为己任，提倡不遗余力。主讲浔溪学校，教育弥至。有吴生者，艰于资，将中辍，君深慨之，挈往海上，俾成业焉。因留办《中国女报》，冀以少警聋瞽，而闺阁荏弱，匡助不闻，经费坐支绌。君经营罔倦，编纂益力，并日冒风雪走求援助，栖不以为苦。乌□洵可谓热心公益而历世摩钝者矣。以母丧，乃暂还越，后乃往来吴越间。至丁未五月，皖中事起，而君方自沪归，居大通学校。大通者，徐锡麟所兴创，而君素赞成之者。故浙大吏谓君同党，遽杀之，时六月六日也，年仅三十有三。乌□惨已！

迹其行事，不拘小节，放纵自豪，喜酒善剑，若不可绳以理法，然其本衷，殊甚端谨；在稠人广座，论议锋发，志节矫然，人辄畏重之，无有敢一毫犯其词色者。虽爱自由，而范围道德，固始终未尝或逾者也。徒以锋棱未敛，畏忌者半。乌□！此君之所以死欤！尝生子女各一，今在湘中。

后七阅月，石门徐自华，哀其狱之冤，痛其遇之酷，悼其年之不永，憾其志之不终，为约桐城吴女士芝瑛，卜地西泠桥畔，葬焉。用表其墓，以告后世，俾知莫须有事，固非徒南宋为然；而尚想其烈，或将俯仰徘徊，至流涕不忍去，例与岳王坟同不朽云。谨表。

08 十葬秋瑾：西泠何处埋忠骨

秋瑾就义后，其尸骨共经历 10 次迁葬，言之令人心酸。

由于秋瑾早前已通知家人疏散，唯恐株连亲朋，而彼时秋家人亦在清廷的追捕下到处流亡，因而无人前来认尸，后尸骨初由大通学堂王安友等人用席子裹殓，又被绍兴同善局草草埋于绍兴府城外卧龙山西北麓，此乃首葬。

秋瑾被当街斩首在很大范围内激起了民间公愤。此外，因秋瑾牵涉徐锡麟刺杀恩铭一案，她在大通学堂被捕时，虽然身上带有枪支，但被捕后没有一句供词，只留下“秋风秋雨愁煞人”7 字。因而秋案既让人同情，又让人起疑，引发了舆论的广泛关注，随着报刊界的持续发文，秋瑾的事迹广被披露，漏洞百出的办案过程亦遭曝光，秋瑾案得以迅速扩散。其下葬两月后，江浙舆情转缓，秋家人一直为秋瑾没能入土为安深感自责，于是兄长秋誉章秘密雇人将其妹的尸骨挖出，放入棺木，迁往绍兴常禧门外严家潭丙舍暂放。而其主人在得知所葬为“女匪”秋瑾后，急令秋誉章迁走。秋誉章万般无奈之下只得将棺木移至附近一荒地，用草扇遮盖以避日晒雨淋。这便是二葬秋瑾。

秋瑾遇难的消息传来后，其结拜姐妹徐自华、吴芝瑛哀痛欲绝，发誓遵秋瑾“埋骨西泠”之遗愿。数月后，初经丧女之痛的徐自华抱病孤身赴杭州，在西湖边购得一地，并写信告知吴芝瑛，言称该地居“苏小墓左近，与郑节妇墓相连”，认为“美人、节妇、侠女，三足鼎立，真令千古西湖增色”。随后徐自华又亲赴绍兴秋家安排迁葬之事。1908 年 2 月，秋瑾的灵柩落葬于西泠桥西侧，吴芝瑛亲书墓碑“鉴湖女侠秋瑾之墓”，徐自华手撰“鉴湖女侠秋君墓表”。此为三葬秋瑾。之后，杭州各界 400 余人谒墓致祭，徐自华与南社创始人陈去病共议成立了“秋社”，以为悼念。徐自华晚年还曾迁居秋社，为秋瑾守灵。

秋瑾落葬后仅半年，御史常徽便上折奏请削平秋瑾墓并参奏吴芝瑛、徐自华二人为秋瑾同党，清廷不久便发出“廷寄浙抚，查照办理”的圣谕。吴芝瑛闻之发电给两江总督端方，声言“因葬秋获谴，心本无他，死亦何憾”，但求“勿再牵涉学界一人，勿将秋氏遗骸暴露于野”。后清政府虽未惩办任何人，却令秋墓迁葬。1908 年 12 月，秋誉章被迫又将灵榇迁回绍兴城外严家潭暂放。次年秋，由秋瑾的夫家出面，秋瑾的棺木被远迁湖南湘潭昭山，与王廷钧合葬。此为秋瑾的四葬和五葬。

辛亥革命成功后，秋瑾棺椁被迁至建于长沙岳麓山的烈士陵园，后黄兴、蔡锷等英烈亦埋骨于此。此为六葬。

1912 年秋，应江浙革命党人吁请，在徐自华的奔走下，孙中山允准秋瑾还葬西湖原址，移灵之日，民众沿途瞻仰者达万人之众。由于秋墓原址狭小，后经凤林寺捐赠，于原址上修建了风雨亭和秋瑾祠堂。这算是七葬秋瑾。

1964年“文化大革命”前夕，随着阶级斗争的升温，为了“扫除腐朽反动的思想影响，改变与‘鬼’为邻的不合理现象”，包括徐锡麟、秋瑾在内的许多坟茔都被迁到了冷清的鸡笼山马坡岭脚下“过过集体生活”，此为秋瑾八葬。但此事很快激起了极大的社会反响，次年，有关部门又悄悄把秋瑾墓恢复，秋瑾遗骨遭到第九次折腾。遗憾的是，仅仅一年后，秋瑾墓又在随之而来的“文化大革命”中被炸开，尸骨被草草放置于一只高约两尺的罐子里，故而此次不能算一次迁葬。

及至20世纪80年代，在邓颖超的主持下，重建秋瑾墓一事才被重新排上日程。当时唯一的线索，只知道秋瑾的遗骨移葬于鸡笼山东山脚下的辛亥革命烈士陵园附近，但由于时间久远，墓地遗址已被种上了庄稼与树木，为查找秋瑾遗骸增加了难度。有关文物管理部门寻索过程中，恰巧偶遇村民来政富，被告知当年负责掩埋秋瑾的草药郎中陈尔扬曾特地栽树为记，根据介绍，文物管理部门在一株柏树旁挖出了一只陶罐，将遗骨拼接后发现颈骨留有刀痕，便初步判定为秋瑾遗骸，后经有关部门严密鉴定，该遗骨属秋瑾确凿无疑。1981 年 10 月，在纪念辛亥革命 70 周年的日子里，秋瑾被第十次迁葬，重新落址于孤山西麓、西泠桥东堍。

09 青史流芳：热血洒去化碧涛

秋瑾遇害的噩耗传来，徐自华、吴芝瑛等至交好友悲愤交集。吴芝瑛撰《秋女士传》《纪秋女士轶事》《挽秋女士联语》等诗文，徐自华先后写下了《哭鉴湖女侠诗十二首》《秋女士历史》《秋瑾轶事》《祭秋女士文》等悼念文章，相继在上海《时报》《神州日报》《小说林》等报纸杂志上发表。这些文章除了表达对挚友的痛惜之情，更将矛头直指当局，引起各界的极大反响。

民间一直传闻，秋瑾被捕是受徐锡麟案牵连，故而百姓对认定秋瑾为革命党是否有确凿证据尤其关心。现存于中国近代史资料《辛亥革命》中的《浙江办理秋瑾革命全案》里收录的所谓“秋瑾口供”如下：

即据秋瑾即王秋氏供称，系山阴县人，年二十九，父母已亡，伊夫王廷钧。伊于光绪二十九年与丈夫离别，出洋往日本国游历，与徐锡麟、赵洪富会遇熟识。后伊回华在上海开设女报馆。上年十二月间始回绍兴，由蔡姓邀伊入大通学堂，充当附设体育会教员，与竺绍康、王金发均属要好，时常到堂。程毅到堂已有月余，也系熟识。初四日闻有营兵前来拿捕，当即携取手枪皮包，就想逃走，不料堂内开枪，兵勇等亦开枪，并将伊连枪拿获。又论说稿数纸，日记手折一个，此稿是伊所做，手折亦是伊物，伊已认了稿底，革命党的事不必多问了，至赵洪富、竺绍康、王金发等现逃何处，不知道。

以上证供，由办理此案的绍兴知府贵福予以公布，用以回应悠悠众口。日本学者永田圭介在其《竞雄女侠传》中认为，这份文件是贵福用来向上级交差的伪作，其中除了记录若干事实外，唯一能体现秋瑾态度的一句话便是“革命党的事不必多问了”。永田圭介认为，正是这句话成为供词的焦点，也成为今日我们评价秋瑾为革命家的依据。

但这份伪证词流入民间后并未收到“防民之口”的效果。秋瑾的牺牲在当时引起了轩然大波，尤其对爱国青年和仁人志士是一种极大的刺痛，民间对此也议论纷纷，故而各大报刊对此颇为关注，其中私办报纸较官方报纸流传更广。

已经日销上万份的上海《申报》对于秋瑾一案的报道，始终集中在居于重要版面的“专电”与“紧要新闻”两栏，又配以“论说”“文苑”“要件”“舆论”等栏目，总字数约计三万二千言。秋瑾殉难后一日，7月16日的“专电”第一条消息，就是关于贵福查封徐锡麟家所开的天生绸庄。18日的“紧要新闻”中《查封徐锡麟家产学堂之骚扰》一条，则第一次通报了秋瑾被害的有关情况：

绍兴明道女学堂教习秋瑾女士曾至日本游学，程度颇高。近被人指为徐锡麟党羽，遂被拿获，立予斩决。闻者莫不凛凛。

此后半月，几乎每天都有关于秋瑾事件的持

续报道。说到秋瑾被捕，《申报》认为她是被“栽赃陷害”：（押解途中）行至某处，某兵将手烟（枪）二枝掷于道旁，遂指为由女子（士）裤中落下。

《神州日报》连续公布了浙江省发布的有关秋瑾的通报、函电、文告，并转录外电、外媒刊载的相关消息。《时报》除了对秋案作了连续报道，还发表了《哀秋瑾案》《记秋女士遗事》《对于秋瑾被害之意见书》等十几篇评论文章和诗词、漫画。

由于报纸的渲染，民间百姓对此议论纷纷："秋瑾没有口供，按律例不应该杀没有口供的人；轩亭口是杀强盗的地方，秋瑾不是强盗，不应该到那里去杀；妇女只有剐刑和绞刑，秋瑾不应该用斩刑。”值得注意的是，百姓的很多议论都是以朝廷法典、成规为判定标准，秋案被判定为冤案，根本原因在此。而秋瑾是否确被冤死，死前是否受到栽赃，报上舆论如潮，强烈要求官方说明。但官府却无法答复，亦找不到因应良策。

徐锡麟案发生时，曾有英籍人士致书《字林西报》，质疑处决徐锡麟的残酷方式——据说徐被剖心挖肝，惨烈异常。秋瑾被处决后，此位人士又写信质疑徐案令无辜的亲朋受到牵连。而著名的实业家和教育家英敛之亦因此在报上强烈抨击清政府的做法：

至秋瑾之株连被杀，据南北各报所传闻，其被逮情形，殊出人理之外；确否情实，兹不具论，但以一女子身，有何能力？有何设施？而谓为党于革命，以猛狮搏兔之力擒之，似此种种野蛮手段，已不见直于万国，况既无证据，又无口供，遽处斩刑，斯岂非野蛮已极，暗无天日之世界乎？倘此等事行于数十年前，即灭门十族，碎尸万段，亦非怪事。自通海后，万国观摩，已不应再有此等举动。况今以煌煌诏旨，三令五申，预备立宪之时代乎？

此时的清廷正要“预备立宪”，也同时进行司法改革，于是公开声明要废除不人道的法典和措施。1905 年，光绪皇帝在答复伍廷芳和沈家本奏折时下了御旨：“嗣后凡死罪至斩决而止，凌迟、枭首及戮尸三项，着即永远删除……缘坐各条，除

知情者治罪外，余者悉予宽免。”于是各大报纸纷纷强调没有证据不能判定有罪，而处决秋瑾并无证据。7月23日的《申报》“论说”专栏发表《论绍兴冤狱》一文，论及秋瑾之死，开篇即道：

中国党祸多矣，官场拘捕似是而非之革命党亦多矣。然未有惨酷悖谬，假公报私，如今日绍兴冤狱之甚者也……杀革命党者，升官之捷径也。以杀革命党为言，则任杀百数十无辜之人，而人莫敢讼冤，以讼冤者亦可指为革命也。

此文中的批判之意，后来被鲁迅概括为“用鲜血染红顶子”的名句。民间舆论在认定秋瑾受冤的同时，普遍严斥了浙江官府以此作为邀功请赏和谋求升官发财的行径。《时报》发表时评称：“我今乃知天下有以弱女子之血，为人希恩固宠、邀名猎誉之资者。……秋瑾之死也，令人百思不得其故。苟稍涉文明法律者，莫不讼其冤。”该报转载《文汇报》言论云：“视中国政府近来待女子之办法，终不若西国之文明。即办理女教员秋瑾一事，在中政府以为该女子暗通革命党，故必如是办之，然他国断无此等办法。若论世界进步各国，惟在一千八百年以前则或有此野蛮办法”。清朝新军也因此受到辛辣嘲弄，被某报讥讽300多人半日之内封闭了一所学校，拘获一二十学生，逮捕一名女教师，当真是“兵威盛大”。

随着民间舆情倒向秋瑾，报刊除将矛头直接指向官府外，又开始竞相宣扬秋瑾生前的事迹。《申报》在7月22日刊出的《秋瑾之演说》一文，盛赞她办女报、倡女学、追求女子独立的言行：“闻女士擅口才，每登演说台，雄辩恣肆，往往倾动众耳，掌声如同白日春雷。”随文摘录了秋瑾的《敬告姊妹们》，字里行间充满了对其“才”“志”的无比推崇。《时报》刊出了明夷女史《敬告女界同胞——为浙江明道女学堂女教员秋瑾被杀事》一文，高度评价了秋瑾为女界奋起之伟业：

秋女士平日之宗旨，或主革命，或以他故而波及，俱不能深悉。……至于以国民之权利、民族之思想，牺牲其性命而为民流血者，求之吾中国四千年之女界，秋瑾殆为第一人焉。则秋瑾之死，为历史上放光明者，良非浅尠。欧学东渐以来，国民渐知民族的国民主义，大声疾呼，以救危亡，然皆出于男子，而女界无与也。女界之愚弱，仍如故也。故新学之士动谓我二万万同胞为无用，动谓女子为男子累。今则以巾帼而具须眉之精神，以弱质而办伟大之事业，唤起同胞之顽梦，以为国民之先导者，求之吾中国二万万之女界，秋瑾又为第一人焉。

人皆谓秋女士之死，阻我女界之进步，而不知适所以振起二万万人之精神也。则秋瑾之死，为社会之影响者，尤非浅尠。盖秋瑾之革命虽未见实行，而政府杀之也以革命故，则秋瑾即非革命党，而亦不得不革命，何也？政府加之，人民即不得不公认之。然则秋瑾果系革命与否，不必深辨。而秋瑾终不能辞革命之罪，即亦不能辞革命之名。……吾知继秋瑾之后者将闻风接踵而起，崇拜之，欣慕之，女界革命之传播，必速于置邮而传命，今日者特其起点而已。政府诸公果能举二万万之女子而尽杀之斯已耳，否则，民智大开，禁闭乏术，人人可以革命，即人人可以为秋瑾，是不啻杀一秋瑾，而适以生千百秋瑾，一秋瑾易杀，而千百秋瑾难除也。……愿我二万万同胞人人心中有秋瑾之铜像，人人脑中有秋瑾之纪念，则秋瑾虽死欲生。

此时，秋瑾是否为革命党已经不重要了。在大家眼中，秋瑾是爱国新女性的代表，是“以国民之权利、民族之思想，牺牲其性命而为民流血者”，“以巾帼而具须眉之精神，以弱质而办伟大之事业，唤起同胞之顽梦，以为国民之先导者”。《南方报》中针对秋瑾写道：“学界中人以秋女士实为女学界不可多得之人，名誉卓著，咸皆惜惨”。《时报》认为秋瑾是一位如“俄之苏菲亚、法之罗兰夫人”一样的女权革命者。

最终，舆情发酵引发了浙江官场的巨大地震，封疆大吏张曾敭因此被调职。《杭州白话报》登载了一幅插画：画面是波涛滚滚的浪潮，当中有一艘鼓足风帆的航船，配诗曰：“秋雨秋风天欲黑，张帆暗送浙江潮”。此“张帆”即指张曾敭，因为他别号筱帆。张曾敭调任江苏巡抚的电文发布后引发了江苏士绅学界的“拒张”风潮，首领者乃是后来以《孽海花》享誉文坛的著名谴责小说家曾朴。因为清政府正在“预备立宪”，竟然也顺应民意，又转调张曾敭出任山西巡抚，而张到任不久，便因病被免职。绍兴知府贵福的下场更可悲，早在办案之时，其母便因舆情向背受惊，病中垂危；后贵福援例求调安徽，也被皖人所拒。进入民国后，贵福改名换姓为赵景祺行世。张曾敭和贵福都被钉在了历史的耻辱柱上，而山阴县令李钟岳当初虽不赞成立刻处死秋瑾，但苦于难抗上级之命。秋瑾死后，他一直活在“我不杀伯仁，伯仁却因我而死”的愧疚中，为此终日闭门谢客，凝视从秋瑾案卷中带出的七字绝命词，终于在 1907 年 10 月 29 日（光绪三十三年九月廿三），于寓中悬梁自缢，此时距秋瑾遇难仅仅 3 月有余。念其苦心，吴芝瑛、徐自华等人便将其牌位供奉于在杭州为秋瑾秘密筹建的祠堂里。

与此同时，光复会向告密者复仇的行动也悄然展开了。秋瑾好友王金发受命于陶成章暗杀告密者之一的绍兴府学务胡道南。开始时苦于官府戒备森严，直到3年后胡道南调任，终于被王金发找到机会刺杀。不久，领兵前往逮捕秋瑾的李益智也被烧死在广东大沙头的花艇中。此外，从1907年7月下旬到1908年春夏之间，浙江各地的光复军余部亦纷纷举事为秋瑾报仇，甚至日本的同盟会总部亦派人回国到上海策划起义。1911年10月10日，武昌起义爆发，武汉三镇率先成立“湖北军政府”，各地随之纷纷宣布“光复”。11月上旬，浙江革命党人推翻杭州政府，其中大部分革命党人都是秋瑾生前的同志以及受她影响之人，有的甚至还是她亲自发展加入革命党的。

秋瑾虽未亲眼看到革命成功之日，但其精神品格却一直被时人铭记。1908年，徐自华为兑现与秋瑾生前“埋骨西泠”之约，将秋瑾遗骨迁于西湖之畔。她邀集秋瑾生前的同志、好友等数十人，在西湖凤林寺成立“秋社”，并自任社长，决定每年农历六月初六秋瑾殉难之日举行纪念活动。辛亥革命后，湘军将领刘典的公祠被拨归秋社，徐自华、陈去病等捐款4000元加以修葺，改建为“鉴湖女侠祠”，作为每年举行秋瑾忌辰纪念之场所。

国民政府成立后，徐自华致电孙中山，叙述秋瑾为革命所作的种种努力，并提出将秋瑾墓修建在西湖湖畔。1912年12月8日，应浙江都督朱端和徐自华的邀请，孙中山经上海来杭州访问。他在马坡巷法政学堂的欢迎仪式上发表演说，称赞杭州的仁人志士为革命所作出的牺牲并肯定秋瑾为“最好的同志”，能够出色地把各地会党组织在一起，领导光复军发动了推翻清政府的起义。次日，孙中山到秋瑾墓前祭拜，亲笔撰写挽联：“江户矢丹忱，感君首赞同盟会；轩亭洒碧血，愧我今招女侠魂”，并题赠了“巾帼英雄”的匾额。而宋庆龄此后也在《中国妇女争取自由的斗争》一文中，将秋瑾作为“最崇高的革命烈士之一”，她还专门为绍兴的秋瑾纪念馆题词：“秋瑾的诗文，有‘秋风秋雨愁煞人’名句，能跨马携枪，曾东渡日本，志在革命，千秋万代传侠名。”

在秋瑾的故乡绍兴，1928年由王子余等人主持，于秋瑾就义的古轩亭口，竖立起一块“秋瑾烈士纪念碑”，同时在卧龙山上，建立了一座“风雨亭”。在秋瑾生活过多年的湖南，人们也用各种方式表达对秋瑾的崇敬之情。1912年，湖南妇女界及同盟会的一些成员，将湘军将领陈湜的祠堂改为“秋女烈士祠”，推举王时泽经办各项具体事务。王时泽把秋瑾牺牲后陶成章转交给他保存的秋瑾诗文编辑成册，题名《秋女烈士遗稿》，以“长沙秋瑾烈士纪念委员会”的名义出版。除此之外，徐自华、王金发等人，还于1912年在上海凤阳路开办了“竞雄女学”，以此纪念秋瑾。

秋瑾就义不久，《小说林》杂志就连续刊出了多种以秋瑾为题材的小说和戏曲。小说有包天笑的长篇连载《碧血幕》，吴梅、龙禅居士的杂剧《轩亭秋》《碧血碑》，啸卢的传奇《轩亭血》等。其他相关题材的小说有静观子的《六月霜》、尚武静观自得主人的《女铜象》、红叶的《十年游学记》、哀民的《轩亭恨》、无生的《轩亭复活记》（后改题《秋瑾再生记》）；戏曲有悲秋散人的杂剧《秋海棠》，伤时子、萧山湘灵子及古越嬴宗季女的传奇《苍鹰击》《轩亭冤》《六月霜》等。中华民国成立后，进化团和春阳社两家文明戏剧团首先上演《秋瑾》，随后新民社、民鸣社、开阳社、启明社等剧团也相继上演。1936 年冬，夏衍写出了第一个话剧本《自由花》，后改名为《秋瑾传》，并于 1940 年的三八妇女节在延安上演了 4 幕话剧《秋瑾》。

新中国成立后，中国人民继续以各种形式纪念秋瑾。1957 年，在纪念秋瑾就义 50 周年时，秋瑾故居和畅堂被正式辟为秋瑾纪念馆，由何香凝亲笔手书“秋瑾故居”匾额；《人民日报》《解放日报》《文汇报》《浙江日报》《人民画报》等报刊登载了各种纪念文字和画册。杭州市人民政府重建了在 1927 年坍毁的风雨亭；1981 年 9 月，又在杭州西湖畔重建秋瑾烈士墓，并用汉白玉大理石建造了秋瑾雕像。浙江省博物馆也于 1984 年在馆内设秋瑾纪念室，表彰秋瑾的爱国、革命事迹。秋瑾的诗、词、书信以及其他资料，被各大出版社结集出版。

秋瑾的事迹还被改编成戏剧、电影。1981 年，为了纪念辛亥革命 70 周年，中国戏剧舞台上出现了一股“秋瑾热”：北京京剧院二团的《风雨千秋》、上海人民艺术剧院二团的《秋风秋雨》、浙江歌舞团的《秋瑾》、杭州话剧团的《秋瑾》、江苏昆剧团的《鉴湖女侠》、天津市三团的《鉴湖女侠》、安徽芜湖市梨黄戏剧团的《鉴湖碧血》相继上演。

此外，学界也有各类秋瑾的传记、年谱问世，还出现了不少研究秋瑾的论文。正如范文澜先生发表于《中国妇女》杂志的《女革命家秋瑾》一文中所写，秋瑾是中国历史上妇女的伟大代表人物，她认定革命是救国的唯一道路，并坚决走革命道路；她在轩亭口从容就义，用纯洁的血为中国妇女画出了一条鲜明的路线来，后来千千万万的爱国妇女，在新民主主义革命时期，参加了革命队伍，正像秋瑾所希望的那样，为我中国女界中放一光明灿烂之异彩。

在中国近代史上，秋瑾第一次以公开的方式表现出女子不同以往的生存模式。无论是侠女豪情，抑或对国家民族之义，都是她在时代变迁中的自我追寻。她慷慨赴死，既是为唤醒民众，挽救民族危亡的自我奉献，也是其感性、执着、浪漫的女性气质的体现。虽然秋瑾的行为因时代所限，仅仅停留在具体行为层面，没有形成独立的理论体系，但她电光火石般的一生都在为伸张女权奋斗，为革命建国努力，堪称旧民主主义革命时期中国女性的楷模，其人格和精神将永远留在中国人民的心中。

图书在版编目（CIP）数据

秋瑾 / 张海鹏主编；曲宁宁编著. --北京：学习出版社，2020.9（2021.5重印）
（中华先烈人物故事汇）
ISBN 978-7-5147-0993-3

Ⅰ.①秋… Ⅱ.①张… ②曲… Ⅲ.①秋瑾(1877-1907)—传记 Ⅳ.①K827=52

中国版本图书馆CIP数据核字（2020）第149816号

秋瑾

QIU JIN

主编/张海鹏　副主编/赵兴胜　编著/曲宁宁

责任编辑：张　俊　　封面绘画：李　晨
技术编辑：贾　茹　　内文插图：李　晨
美术编辑：杨　洪　　组织绘图：无锡慎徽公司

出版发行：学习出版社
北京市东城区崇外大街11号新成文化大厦B座11层（100062）
010-66063020　010-66061634　010-66061646
网　　址：http://www.xuexiph.cn
经　　销：新华书店
印　　刷：北京联兴盛业印刷股份有限公司

开　　本：787毫米×1092毫米　1/32
印　　张：4.75
字　　数：67千字
版次印次：2020年9月第1版　2021年5月第2次印刷

书　　号：ISBN 978-7-5147-0993-3
定　　价：19.00元